매출 올리는
데이터 사이언티스트

AI, 빅데이터로 매출 10배 올리고 싶은 이들을 위한 비즈니스 전략서
매출 올리는 데이터 사이언티스트

초판 1쇄 인쇄 2021년 11월 18일
초판 1쇄 발행 2021년 11월 26일

지은이 김도환

발행인 백유미 조영석
발행처 (주)라온아시아
주소 서울특별시 서초구 효령로 34길 4, 프린스효령빌딩 5F

등록 2016년 7월 5일 제 2016-000141호
전화 070-7600-8230   **팩스** 070-4754-2473

값 16,000원
ISBN 979-11-92072-04-3 (03320)

※ 라온북은 (주)라온아시아의 퍼스널 브랜드입니다.
※ 이 책은 저작권법에 따라 보호받는 저작물이므로 무단전재 및 복제를 금합니다.
※ 잘못된 책은 구입하신 서점에서 바꾸어 드립니다.

라온북은 독자 여러분의 소중한 원고를 기다리고 있습니다. (raonbook@raonasia.co.kr)

매출 올리는
데이터 사이언티스트

DATA SCIENCE

김도환 지음

프롤로그

데이터 사이언티스트, 비즈니스 마인드를 세팅하라

비즈니스 현장에서 데이터 사이언티스트(이하 데이터 과학자)로 일하면서 영역별로 현장의 상황을 피부에 와닿게 체감하곤 했다. 특정 시장에선 데이터 과학자가 할 수 있는 역할은 상당히 제한적인 반면 다른 곳에선 오히려 상당히 많은 역할이 부여되는 경우도 있었다. 상황에 따라 기업이 원하는 방향으로 의사결정을 성사시키는 데이터 과학자도 있었고, 기대에 미치지 못해 외면받는 데이터 과학자도 봐왔다.

이런 배경하에서 일하다 보니 언제부턴가 하나의 질문을 스스로에게 던지게 되었다. '산업을 망라해 데이터 과학자는 어떻게 제 역할을 다할 수 있을까?'

이 질문에 앞서 '데이터 과학자가 제 역할을 한다는 건 어떤 의미일까'라는 질문이 앞섰다. 기본적으로 제 역할을 한다는 건 기업이 맞닥뜨린 문제를 해결해주거나 필요를 충족시켜주는 일이라고 생각했다. 다소 비약이 있겠으나 기업의 문제나 필요는 '매출 증대'라는 네 글자로 요약할 수 있지 않을까? 그렇다. 매출을 올려주는 데이터 과학자, 제 역할을 다하는 데이터 과학자란 바로 이것이란 생각이 들었다.

어떻게 하면 매출을 올릴 수 있을까? 이에 대한 고민이 깊어졌다. 기본적으로 데이터 과학자라면 데이터와 AI란 도구를 적재적소에 이용할 줄 아는 사람이다. 그중에서도 진짜배기는 매출을 올릴 만한 역량과 비즈니스적인 안목 또한 갖춘 사람이다. 이런 역량은 구체적으로 무엇인가? 어떻게 하면 이런 역량을 갖출 것이며, 또 데이터 과학자만이 이런 역량을 갖춘다고 해서 다 해결되는 것일까? 그렇지 않다. 기업에게 요구되는, 필요한 역량도 있다. 기업도 데이터와 AI에 대한 기본적인 이해는 있어야 할 것이다. 또한 이와 관련된 적절한 기업의 문화도 요구될 것이다.

이렇듯 질문과 질문이 꼬리를 이어갔고, 그에 대한 답을 해나가는 과정도 계속되었다. 그러다 보니 어느덧 책 한 권이 완성됐다.

이 책이 읽히길 원하는 대상 독자들의 범위는 결코 좁지 않다. 기본적으로 데이터를 활용할 수 있는, 데이터가 있는 모든 산업 관계자들에게 읽히기를 바란다. 그들에게 중요한 매출 상승에 대한 해답이 데이터 과학자가 되어줄 수 있음을 말해주고 싶다. 또한 그들이 목표한 매출 상승을 이루기 위해서는 구체적으로 기업이 어떻게 행동해야 하는지도 알 수 있을 것이다.

또한 현업 데이터 과학자로서 일하며 본인이 제 역할을 다하고 있는지 의문을 느끼는 사람이라든가 데이터 과학자가 되고 싶은 사람들에게도 이 책이 적지 않은 도움이 될 것이다. 데이터를 잘 다루기만 한다고 해서 데이터 과학자가 아니다. 진짜 문제를 해결하고 사회에 기여할 만한 사람이 되기 위해선 그에 걸맞은, 필요한 무기와 역량이 있다.

매출 상승에 앞서 데이터 과학자가 어떤 일을 하는지 기본적인 사항에 대해서 알아야 한다고 생각했다. 그래서 1장에선 비즈니스와 AI에 대한 이해를 다루었으며, 2장에선 AI를 활용하는 데이터 과학자에 대해 다루었다. 본격적으로 3장에서는 매출을 올릴 수 있는 데이터 과학자만의 무기가 무엇인지 다루었다. 데이터 과학자뿐만 아니라 관련 업계 종사들 누구에게나 도움이 될 만한 내용으로, 이 장을 읽고 나면 데이터 과학자를 바라보는 관점이 달라질 것이라 생각한다. 특히 3장을 쓰기 위해 많은 연구를 했는데, 이 부분을 읽고 자신의 것으로 습득한다면 분명 남들과는 차별화된 비장의 무기를 지니게 될 것이다.

4장은 3장에서 언급한 내용을 토대로 성공 요인을 분석한 것이다. 특히 비비노나 넷플릭스의 사례는 3장에서 다룬 내용을 적용시켰기에 흥미롭게 읽힐 듯하다. 5장은 개인적인 일화를 통해 데이터 과학자가 지녀야 할 역량에 대해 다루었다.

이 책을 통해 보다 많은 데이터 과학자가 매출 올리는 데이터 과학자로서 기업에게 인정받고 사회에 기여하길 바란다. 또한 기업 내에서도 데이터와 AI를 바라보는 문화도 진일보하길 바란다.

김도환

차 례

프롤로그 데이터 사이언티스트, 비즈니스 마인드를 세팅하라 • 4

1장
비즈니스와 AI에 대한 이해

지금 기업들이 AI에 주목해야 하는 이유 • 15
비즈니스를 위한 AI, 왜 알아야 하고 어떻게 활용해야 할까 • 25
이 정도는 꼭 알아야 하는 AI 기본 지식 • 31
AI, 무턱대고 쓰지 말고 데이터 먼저 파악하라 • 41
AI를 이용하는 기업이 되기 위해 • 49

2장

매출을 올리기 위한 AI와 데이터 과학의 활용

AI, 활용하는 사람은 누구인가	• 65
매출 10배 올려주는 데이터 과학자란	• 71
AI 기술, 어디까지 와 있고 어떻게 활용될까	• 79
비즈니스에 적용할 수 있는 데이터 분석 프로세스	• 87
우수한 데이터 사이언티스트를 꿈꾼다면	• 98

3장
비즈니스를 성공으로 연결하는 데이터 사이언티스트의 무기

- 타깃이 정확한 기술주도형 AI를 활용하라 · 107
- 효과와 효율을 구분해서 추구하라 · 115
- 파괴적 기술의 특성을 정확히 파악하라 · 122
- 고객 행동의 틈새를 파악하라 · 131
- 실험을 통한 데이터에 집중하라 · 141

4장
AI와 데이터를 활용한 성공 요인 분석

- AI로 결함을 찾다: 스마트팩토리 · 153
- '스세권' 입지 찾기: 스타벅스 드라이브스루 · 160
- 후기를 분석하다: 마약 베개 · 166
- 와인 추천은 이제 AI에게: 와인 앱 비비노 · 176
- AI 화가의 작품: GAN 기술 · 185
- 뭘 볼지 고민하지 마세요: 넷플릭스 추천 시스템 · 196

5장

데이터 사이언티스트가 가져야 할 7가지 요건

객관적으로 사고하기	• 209
끊임없이 "왜?"라는 질문 던지기	• 220
문제 해결을 위한 설득 즐기기	• 227
다양한 데이터를 접하고 계속해서 분석하기	• 236
끊임없이 파고들어 방법을 찾기	• 244
기술 발전 속도에 뒤처지지 않기	• 251
아이디어가 나올 수 있는 시간 마련하기	• 260

1장

비즈니스와
AI에 대한 이해

지금 기업들이 AI에 주목해야 하는 이유

한 곳에만 몰린다, AI 기술도 양극화 시대

4차 산업혁명을 주도하는 주요 혁신기술은 드론과 자율주행차, 3D 프린팅, 사물인터넷(IoT), AI 등으로 대표된다. 앞으로 기업의 사활도 변화하는 산업에 적용 가능한 핵심 기술을 얼마나 잘 활용하느냐의 여부로 판가름날지 모른다.

그렇다면 현재 AI 기술을 선도하는 기업은 누구일가? 아마도 FAANGT이라고 일컬어지는 글로벌기업들이 그 선두 주자일 것이다. 페이스북(Facebook), 애플(Apple), 아마존(Amazon), 넷플릭스(Netflix), 구글(Google), 테슬라(Tesla)의 약자를 딴 FAANGT은 현재 디지털 세상을 이끄는 대표적 기업들로, '최첨단'이 붙은 21세기의 모든 기술집약적 산업들은 모두 이 기업들이 소유하고 있다고 해도 과언이 아니다. AI 기술 역시 FAANGT이 지배하고 있다(현재 페이스북은 Meta로 사명이 변경되었으나 이 책에서는 독자의 편의를 위해 기존 명칭을 사용하겠다).

페이스북과 구글의 AI 연구소는 개발자들에게 유명하다. 현재 AI 발전의 대부분이 두 회사가 개발한 오픈소스(누구든지 코드를 보고 수정하고 배포할 수 있는 소프트웨어)에서 비롯된다. 또 잘 알려진 AI는 애플의 인공지능 비서 '시리', 아마존의 AI 플랫폼인 '알렉사', 넷플릭스의 '추천 시스템'이 있다. 테슬라의 자율주행 역시 AI를 기반으로 한 기술이다.

AI는 데이터가 축적될수록 더 똑똑해지고 정교해진다. 따라서 사용자들은 보다 정교한 선발 주자들의 AI를 이용하게 되고, 이에 따라 데이터는 일부 기업에 밀집된다. 그리고 데이터가 모일수록 같은 현상이 반복된다. 양극화 현상이 AI 기술에서도 일어나는 것이다.

AI는 기술 잠재력의 거대한 보고다

그렇다면 거대 기업이

아닌 곳은 AI에 대해 어떤 자세를 취해야 할까? 그들은 이미 늦은 것일까? 그렇지 않다. AI로 인해 창출될 파이가 상당히 크기 때문이다.

AI가 일으킬 효과는 전방위적 산업에서 다국적으로 나타난다. 다국적 회계 감사 기업 '프라이스 워터하우스 쿠퍼스(PwC, PricewaterhouseCoopers)'는 AI가 경제에 미칠 영향에 대해 분석했다. 그 결과 PwC는 2030년까지 AI가 경제에 미치는 잠재적 기여가 15조 7,000억 달러에 달한다고 발표했다. 그뿐만 아니라 세계 GDP는 최대 14%까지 증가할 것이라고 예상했다.

AI를 도입하고 수혜를 받는 국가는 거대 기업의 고향인 미국만이 아니다. 마이크로소프트가 발표한 일자리 백서 〈AI를 위한 준비: 인공지능이 아시아의 일자리와 역량에 갖는 의미〉(2019. 8.)에 따르면, 동남아시아에서 AI를 도입한 기업의 매출 이익이 다른 산업 평균 이윤보다 15% 높은 것으로 나타났다.

매킨지 글로벌연구소(MGI, McKinsey Global Institute)는 19개 산업과 9개 업무 기능에 걸쳐 400개 분석 기술 사례를 분석했다. 그 결과 AI 기술을 활용하면 기존 기술 대비 산업별로 30~128%의 가치를 끌어올리는 것으로 나타났다. 액수로 따지면 매출 기준 연간 3조 5,000억~5조 8,000억 달러의 가치다. 이처럼 AI 기술은 거대 기업뿐만 아니라 다양한 산업에서 실로 어마어마한 잠재력을 띠고 있는 것이다. 다른 산업군에 속한 기업들에게도 분명히 기회가 있다.

오일이 되는 데이터, 쭉정이가 되는 데이터

기업들이 전방위적인 산업에 걸쳐 AI에 열광하는 이유는 무엇일까? 그 요인에는 센서 기술의 발달에 따른 빅데이터(Big Data)의 축적에 있다. 바야흐로 빅데이터의 시대다.

빅데이터란 '기존의 데이터베이스로는 수집, 저장, 분석 따위를 수행하기가 어려울 만큼 방대한 양의 데이터'를 말한다. 경제 금융 분야에서의 빅데이터는 '복잡하고 다양한 대규모 데이터 세트(Data Set, 규칙에 따라 배열된 데이터의 집합) 자체는 물론이고 이 데이터 세트로부터 정보를 추출하고 결과를 분석해 더 큰 가치를 창출하는 기술'을 뜻하기도 한다. 따라서 오늘날 정보통신 분야에서 빅데이터란 단연 중심이 되는 화제가 아닐 수 없다.

센서 기술의 발달로 측정할 수 있는 데이터의 양은 무궁무진해졌다. 하나의 어플리케이션 속에 축적되는 데이터의 양만 해도 어마어마하다. 개인이 SNS에 남기는 글과 올리는 사진이 모두 데이터다. 스마트워치가 심박수를 비롯해 하루에 얼마나 걸었는지와 체온까지 실시간으로 축적하는 것 또한 데이터다.

데이터는 4차 산업혁명을 여는 '뉴 오일(New Oil)'이라고 한다. 그러나 모든 데이터가 이에 해당하는 것은 아니다. 빅데이터라는, 말 그대로 넘쳐나는 데이터 속에서 비즈니스를 꿰뚫고 문제를 해결할 만한 가치를 찾아내야 '오일'이 된다. 불순물이 과다하게 섞인 기름은 연소가 잘 되지 않듯 쭉정이가 섞인 데이터들은 오히려 정보를 왜곡시킨다. 그러므로 데이터 속에서 가치를 찾을 수 있고 선별할 수 있는 지혜가 더없이 중요해졌다.

일례로 자율주행기술에서 측정되는 데이터는 어마어마하다. 차량에 달린 센서는 실시간으로 전후좌우의 주변 데이터를 획득한다. 구글의 모기업 알파벳의 자율주행차 사업 부문인 웨이모는 1,000여 대의 차량을 통해 데이터를 축적했다. 이 양은 약 3,200만 킬로미터에 해당하는 실제 도로 데이터다. 이 양만 해도 상당한 빅데이터다. 그런데 테슬라는 1,000여 대가 아닌 100만여 대가량의 차량으로부터 데이터를 수집한다. 2021년 1월 테슬라가 축적한 데이터는 82억 킬로미터에 해당한다.

이같이 어마어마하게 방대한 데이터 속에서 어떤 데이터가 의미가 있을까? 그리고 그 데이터를 어떻게 비즈니스에 접목시켜 회사에 이익을 가져올 수 있을까?

빅데이터 속에 숨은 금광을 찾아라

나는 그 해답이 데이터 속에서 패턴을 찾는 데 있다고 생각한다. 패턴을 파악하기 위해서는 적확한 알고리즘이 필수다. 알고리즘이란 해당 패턴에 따라 적합한 문제를 해결할 수 있도록 해주는 것이다.

예전에는 데이터가 많지 않아 패턴과 규칙을 찾기가 어렵지 않았다. 하지만 점차 데이터의 양이 많아지면서 방대한 양이 축적됐다. 인터넷 속도가 3G에서 4G, 5G로 변한 것처럼 데이터의 규모가 거대해진 것이다. 이런 빅데이터 속에서 사람이 일일이 무언가를 발굴하기란 불가능에 가깝다.

앞에서 설명한 82억 킬로미터 도로 주행 데이터를 사람이 어떻게 다 분석할 수 있을까? 또 수천만 명의 유저가 이용하고 매일 초 단위로 데이터가 쌓여가는 페이스북의 고객 데이터를 누가 패턴에 따라 구별하고 분류할 수 있을까? 그 속에서 어떤 데이터가 가치 있는지, 어떤 알고리즘을 적용해야 좋을지 판단하기란 쉽지 않다. 빅데이터 시대에서 가치 있는 일이란, 이처럼 방대한 자료 속에 숨은 '귀중하고 가치 있는' 데이터를 찾는 일이 될 것이다.

AI의 존재 가치가 여기서 빛을 발한다. AI는 많은 데이터들 중에서 금광을 찾아준다. 문제해결에 도움을 주는 지식을 자동으로 선별해주는 것이다. 빅데이터는 AI가 있어야 분석과 활용이 가능하다. 반대로 AI에게 있어서도 빅데이터는 중요하다. 적은 데이터보단 대량의 빅데이터가 AI에게는 핵심 요소가 되기 때문이다. 사람도 작은 사례들로만 학습할 경우 편향된 시각을 갖기 쉽다. AI도 마찬가지다. 다양하고 많은 데이터를 학습할수록 시각이 넓어지고 판단의 오차도 줄어든다. 이처럼 AI와 빅데이터는 서로가 서로를 지지해주는 상호 보완적 관계라 할 수 있다.

AI 도입으로 한계를 뛰어넘어 비약적 매출 성과를 낸다

AI를 도입하는 것과 매출은 무슨 관계가 있을까? 사례를 통해 살펴보자. 핏코(FitCo)라는 피트니스 업체가 있다. 많은 체육관들이 그러하듯 이 업체도 자체 클래스를 운영한다. 요가나 스피닝, 필라테스 등의 수업이다.

중요한 건 각 클래스마다 수요가 달라서 비용을 책정하는 게 쉽지 않다는 것이다. 기존의 알고리즘은 조건에 따라 가격을 책정했다고 한다. 하지만 책정을 하기에 앞서 고려할 변수가 너무 많다. 그날의 온도라든지 클래스 유형, 강사의 유형, 주당 강의 횟수, 지난 분기 출입 회원수, 공휴일 유무 등 사람이 일일이 조건을 달아가며 알고리즘을 설계하기는 어렵다.

◯ **가격결정 전략에 따른 수익 영향**

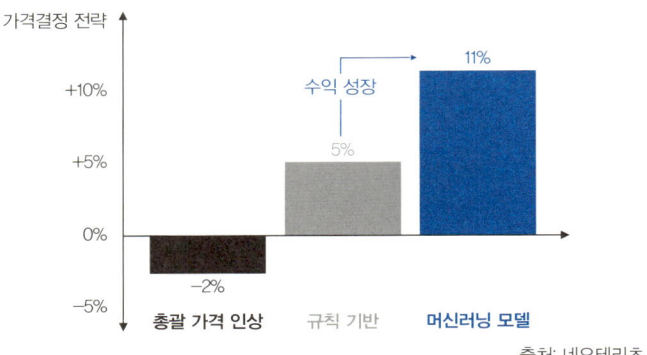

출처: 네오테리츠

핏코는 클래스의 가격을 책정하는 데 머신러닝, AI를 도입했다. AI가 기존의 규칙 기반 알고리즘을 대체한 것이다. 그 결과 기존 대비 수익 성장률을 11%로 2배 이상 향상시킬 수 있었다.

폴란드의 네오테리츠(Neoteric)란 회사는 인공지능 기반 솔루션을 제공하는 업체다. 이 회사의 클라이언트 중 고객 이탈률로 고심하고 있던 통신회사가 있었다. 네오테리츠는 이 업체에 솔루션을 제공했는데, 본래 목표였던 수치는 고객 이탈률 감소 2%로, 전례상 가장 높은 감소치를 띤 수치였다.

이탈률에는 여러 요인이 고려되어야 하기에, 규칙 기반의 알고리즘으론 문제해결이 어려웠다. 통신회사가 사용하던 기존 알고리즘은 이미 구독을 취소한 고객에게 할인을 제공하는 등 합리적이지 못한 부분이 있었다. 그래서 AI를 도입해 기존 알고리즘에서 놓치고 있던 요인을 고려하도록 했다. 그 결과 통신회사는 매달 39,000달러의 비용을 절감했고, 고객 이탈률은 20%나 감소해 AI 도입으로 목표치 대비 10배 이상의 성과를 달성했다.

일본을 대표하는 증권회사 다이와증권그룹(Daiwa Securities Group, 이하 다이와증권) 또한 AI를 도입해 매출 상승을 실현할 수 있었다. 다이와증권은 고객에게 상품을 추천하는 서비스에서 이전보다 더 개인화된 상품을 제공하고자 했다. 수많은 고객의 정보도 빅데이터인데, 다이와증권은 빅데이터에 AI를 접목시켜 고도화된 추천 시스템을 개발했다. 이를 도입하자 고객의 상품 구매율은 2.7배나 향상했다. 그뿐만 아니라 고객 이탈률은 절반이나 줄었다고 한다. 또한 이 프로그램을 활용하는 영업 담당자들과 상담원들의 만족도도 사상 최고치를 기록했다. 핏코, 네오테리츠, 다이와증권은 모두 AI를 비즈니스에 접목하여 매출 부진에서 벗어나거나 문제를 해결하는 데 성공했다.

데이터,
놓치지도 쌓아두지도 말자

앞에서 본 것처럼 거대 기업뿐만이 아니라 전 산업 분야에서 AI를 도입하고 있다. 그런데 당신은 지금 데이터를 놓치고 있지는 않은가? 혹시 축적하고 있다면 그저 데이터를 쌓아만 두는 것은 아닌가? 이제는 AI를 이용해 데이터를 활용할 때다. 당신도 실제로 데이터를 이용해서 비즈니스를 다각화하거나 이익을 실현시킬 수 있다.

그에 앞서 AI에 대한 필수적인 지식은 갖춰야 한다. 인터넷을 이용하면서 인터넷의 원리는 몰라도 되지만 활용법은 알아야 한다. 전쟁에 나가 무기 사용법을 모르고 전투를 할 수는 없는 것과 마찬가지다. 다음 글에서는 비즈니스 전쟁에 무기가 되는 AI에 대해 알아보도록 하겠다.

비즈니스를 위한 AI,
왜 알아야 하고 어떻게 활용해야 할까

AI 활용을 위해 필요한
4가지 자세

AI에 대한 기본적인 지식은 필요하다. 최종적으로는 비즈니스에 AI를 활용해 크든 작든 결과를 낼 수 있어야 하기 때문이다. 그러기 위해 경영자 혹은 구성원이 알아야 하고 갖춰야 할 자세는 다음과 같다.

첫째, 데이터의 중요성을 알아야 한다.
둘째, AI 기술을 어떻게 활용할지에 대한 아이디어를 낼 수 있어야 한다.
셋째, AI 기술과 관련된 최근 트렌드를 파악하고 이를 활용할 수 있어야 한다.

넷째, AI로 할 수 있는 것과 없는 것을 명확히 알아야 한다.

AI에 대한 기본 이해가 있어야 위 4가지 자세를 갖출 수 있다. 그렇다면 위 자세를 갖추기 위한 요소와 AI에 대한 이해는 어떤 관계가 있을까? 이를 좀 더 살펴보려 한다.

데이터의 중요성을 제대로 알자

AI에 대해 알게 되면 데이터가 한층 더 중요하게 다가온다. 앞선 글에서 말한 것처럼 빅데이터와 AI는 상호 보완적인 관계다. AI가 있기에 빅데이터를 분석할 수 있고, 빅데이터가 있기에 AI 알고리즘이 정교해진다. 나는 앞에서 AI가 편향된 시각을 가지지 않기 위해선 데이터가 많아야 한다고 했다. 그렇다면 구체적으로 AI는 어떠한 특징을 지녔길래 데이터를 필요로 하는 것일까? AI에 대한 기본적인 이해가 있다면 이에 대한 답을 얻을 수 있다.

사람이 가진 지능의 특징 중 AI와 밀접하게 관련된 부분이 있다. 바로 학습하는 능력이다. AI는 무엇을 학습하는 것일까? 바로 데이터다. AI는 데이터를 통해서 규칙과 패턴을 배운다. 새로운 데이터가 들어오면 이전에 학습한 데이터를 토대로 새로운 데이터를 출력한다. 그렇기에 데이터가 중요하다. 데이터가 없는 곳, 혹은 데이터를 경시하는 곳에서는 AI를 쓸 수 없다.

AI의 특징은 '데이터를 기반으로 학습한다'는 것이다. 이에 대한 명확한 이해가 있으면 데이터의 중요성을 알게 된다. 사용할 수 있는 데이터는 무엇인지, 없다면 어떤 데이터를 수집할 수 있는지 고민해야 한다. 데이터 관리 측면에서도 중요성을 느낄 수밖에 없다. 데이터가 없이는 AI도 의미가 없기 때문이다.

AI 기술을 활용할 수 있는 아이디어를 내야 한다

AI에 대한 이해가 없으면 기술을 어떻게 활용할지에 대한 아이디어를 낼 수 없다. 아이디어는 무턱대고 나오는 게 아니다. 기술에 대한 이해 없이 나온 아이디어는 실현되기 힘든 경우가 많다. 그렇기에 AI에 대한 기본적인 이해가 필요하다.

AI는 데이터를 활용한다. 이때 AI 알고리즘 종류에 따라 데이터 활용 방법도 다르다. 특정 알고리즘이 어떤 데이터를 필요로 하는지 알아야 다음 단계로 나아갈 수 있다(이와 관련한 AI 기술은 추후 간략히 설명할 것이다. 여기서는 데이터를 어떻게 활용할지에 대해 살펴보겠다).

그다음 AI에 대한 이해를 바탕으로, 활용하고자 하는 AI 기술이 어떤 카테고리에 속하는지 확인해야 한다. 그에 따라 활용할 수 있는 데이터의 유형이 나뉜다. 현재 가지고 있는 데이터로 해당 기술을 이용할 수 있을지 정도는 알아야 한다.

가령 프라이팬으로 달걀프라이를 하려고 하는데 집에 날달걀은 없고 삶은 달걀만 있다고 해보자. 여기서 프라이팬을 AI 기술이라고 생각하고, 달걀을 데이터라고 생각하면 된다. 삶은 달걀로는 프라이를 만들지 못한다. 이는 특정 AI 기술에 적합한 데이터가 없는 것과 같다. 각 기술에 맞는 적절한 데이터가 있어야 원하는 문제를 해결할 수 있는 것이다.

트렌드를 파악하고 활용하는 능력은 필수다

AI를 활용하기 위해선 기술과 관련된 최근 트렌드를 파악하고 이를 활용할 수 있어야 한다. AI 기술에는 독특한 특징이 있는데, 우선 개방적이다. 최첨단 지식이라도 누구나가 이용할 수 있도록 공개되어 있다. AI 기술이라고 왠지 꽁꽁 싸매고 아무도 알 수 없게 해놓았을 것 같다고? 전혀 그렇지 않다.

과거에는 이런 종류의 기술이 1급 기밀이었다. 스파이, 첩보 영화에서 보듯 기술을 빼돌리기 위한 첩보전이 성행했던 시절도 분명히 있었다. 하지만 지금은 시대가 변해 최첨단 기술에 어렵지 않게 접근할 수 있다. 공개하는 것이 AI 기술 발전에 도움이 된다는 걸 구성원 모두가 잘 알고 있기 때문이다. 또 다른 AI 기술의 특징은 기술의 발전이 기하급수적으로 이루어진다는 것이다. 한 달이 채 안 돼서 최신 기술로 교체될 정도로 변화 속도가 너무 빠르다.

이렇듯 AI 기술은 누구에게나 공개되어 있으며 빠르게 발전한다. 그 결과 AI 기술 자체가 새로운 생태계를 형성한다. 따라서 나날이 쏟아져 나오는 최신 기술들을 그냥 놓치기엔 아까우므로 이를 최대한 활용해야 한다. 최신 기술들을 전부 다 이해하기는 힘들다. 그런데 어렴풋이라도 이해하고 이를 활용하려 하는 사람 역시 적다. 금광이 쏟아지고 있는데 광부가 없어 금을 못 캐고 있는 형국이다. AI에 대한 기본적인 맥락을 파악하는 일이 필수인 이유가 여기에 있다.

AI의 한계점에 대해 명확히 이해하자

AI만 도입하면 모든 게 자동화되고 매출이 향상될 거라고 생각하는 사람이 있다. 이런 잘될 거라는 오해 때문에 많은 기업 또는 오너들이 AI 도입 초기에 실망하고는 섣불리 AI와의 결별을 결정하곤 한다. 이처럼 AI가 할 수 있는 걸 제대로 구분하지 못하면 엉뚱한 기대를 하고 헛수고를 하기 쉽다. 가령, 로봇 청소기에게 냉장고에나 달린 냉장 기능을 요구해서는 안 된다. AI 활용도 제대로 된 이해가 있어야만 할 수 있는 것이다. 뒤에 더 자세히 설명하겠지만, AI는 도깨비방망이나 요술지팡이가 아니다. AI 알고리즘을 데이터와 결부 지어 이해할 수 있어야 한다. 그래야만 AI로 가능한 것과 불가능한 것을 구분 지을 수 있는 눈이 생긴다.

오아시스로 데려가는 일과
물 마시는 일은 별개다

간략하나마 AI에 대한 이해가 필요한 4가지 이유와 갖춰야 할 자세를 살펴보았다. 목마른 낙타를 오아시스로 데려가줄 수는 있다. 다만, 목을 축이는 일은 낙타가 해야 한다. 마찬가지로 AI 생태계라는 오아시스에서 물을 마시는 일은 각자의 몫이다. 그러려면 최소한 마시는 법은 알아야 한다. 아무리 데이터와 기술이 공개되어 있더라도 이를 이용하지 않으면 소용없다. 이용할 수 있는 사람만이 새로운 가치를 창출할 수 있다.

이 정도는 꼭 알아야 하는
AI 기본 지식

터미네이터에 나오는 사이보그는 인공지능일까

사람들은 흔히들 AI 하면 무엇을 떠올릴까? 영화 〈터미네이터〉에서 아널드 슈워제네거가 연기한 T-800과 같은 사이보그 로봇을 떠올리고 이 같은 로봇을 AI라고 생각할 수 있겠다. 물론 〈터미네이터〉에는 인공지능 시스템 스카이넷과 AI가 탑재된 사이보그 로봇들이 많이 등장한다. 하지만 그런 지능을 가진 로봇 자체가 AI를 의미하는 것은 아니다. AI는 'Artificial Intelligence'로, 말 그대로 '인공적으로 만든 지능'을 의미한다.

우선 지능이란 '인간의 지적 능력'을 일컫는다. 인간의 지적 능력에는 지각, 추론, 학습 능력 등이 포함된다. 이러한 지능을 특정 알고리즘과 컴퓨터 프로그래밍으로 만들면 '인공적'으로 지능을 만들었다고 할 수 있다. 알고리즘은 어떠한 문제를 해결하기 위한 단계적 절차를 의미하고, 인공지능에 쓰이는 알고리즘은 사람의 지능이 동작하는 메커니즘과 유사하다. 인간의 사고방식을 유사하게나마 따라 하는 것이다. 이 방식을 컴퓨터 언어인 코드로 표현해 구현한 것이 인공지능이다.

예를 들어 사람이 사과를 보고 사과란 것을 인지하듯이, 인공지능 또한 사과를 보고 사과라고 판단할 수 있다. 사람의 지능을 컴퓨터 기술로 구현했기에 가능한 것이다.

AI와 인간 사고의 유사점

지능의 대표적인 능력 중 하나가 학습인데, 인공지능도 데이터를 통해 학습할 수 있다. 보통 AI 모델을 학습한다고 표현한다. 여기서 모델은 데이터를 학습한 프로그램, 소프트웨어라고 보면 되겠다. AI의 학습 방식과 유사한 인간의 사고방식은 무엇일까? 이를 살펴보면 AI를 좀 더 잘 이해할 수 있다.

인간의 논리적 사고방식에는 크게 2가지가 있다. 연역적 사고

방식과 귀납적 사고방식이 그것이다. 연역적 사고는 한 전제에서 시작해 논리적으로 결론을 추론하는 방식이다. 다음과 같은 삼단 논법을 예로 들면 쉽다.

> 사람은 누구나 죽는다.
> 소크라테스는 사람이다.
> 고로 소크라테스는 죽는다.

한편 귀납적 사고방식은 개별적인 사례를 통해 규칙을 찾아내는 방식이다. 가령 살면서 주변 사람들의 죽음을 경험했다고 하자. 할머니도 할아버지도, 이웃집 김씨 아저씨도 죽음을 맞이했다. 이렇게 개별 사례들에서 규칙을 찾아 '모든 사람은 죽는다'라고 일반화하는 것을 귀납적 사고라고 한다.

AI가 학습하는 방식은 귀납적 사고방식에 가깝다. 수많은 데이터들을 보고 거기서 공통된 패턴이나 규칙을 찾아낸 후 그 규칙이나 패턴에 기반해 새로운 사례들을 판단한다. 가령 찾아낸 규칙이 '모든 사람은 죽는다'이면, 새로운 친구인 '홍길동'도 이 규칙에 따라 죽는다는 것을 알 수 있다. 새로운 데이터가 주어지면 패턴에 기반해 적절한 값을 예측하는 것이다. 이를 모델이 학습하고, 예측한다고 표현한다.

머신러닝과 딥러닝의 3가지 차이점

인공지능의 대표적인 방식으로 머신러닝(Machine Learning, 기계학습)과 딥러닝(Deep Learning)이 있다. 딥러닝은 머신러닝 내에 포함된다. 딥러닝도 기계학습 방법 중 하나이기 때문이다. 머신러닝과 딥러닝 모두 데이터를 이용해 기계가 학습을 하고 학습한 데이터를 바탕으로 최적의 값을 출력한다. 그런데 실무에선 통상적으로 둘을 구분해서 쓰기도 한다. 그렇다면 둘의 차이는 무엇일까?

첫째, 딥러닝은 한 번에 데이터를 처리하지만 머신러닝은 단계별로 데이터를 처리한다. 사물을 보고 분류하는 과제를 한번 생각해보자. 자동차를 보고 트럭인지, 트럭이 아닌지 사람은 쉽게 구분할 수 있다. 신호등의 불이 파란 불인지 빨간 불인지 인지하는 것도 쉽다. 이렇듯 사람에게 분류란 쉬운 작업에 속한다.

반면 분류는 컴퓨터에겐 쉽지 않은 일이다. 컴퓨터는 이 문제를 단계적으로 접근한다. 바로 특징 추출과 분류다. 특징 추출기는 이미지의 특징을 추출하는 역할을 한다. 이후 분류기는 특징 추출기가 파악한 특징을 바탕으로 수학적 계산을 통해 어떠한 값을 출력한다. 머신러닝에선 이런 분류기가 모델에 속하고, 모델의 출력값을 바탕으로 분류가 이루어진다.

머신러닝에선 대개 이 단계가 분리되어 있다. 특징을 추출하

🔵 인공지능, 머신러닝, 딥러닝

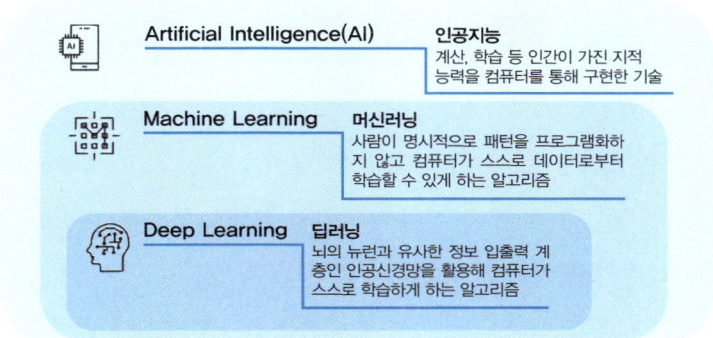

는 모델, 마지막에 값을 출력하는 모델이 별개인 것이다. 반면 딥러닝의 경우 특징 추출과 분류를 한 번에 처리한다. 이게 큰 차이점 중 하나다.

예를 들어 강아지라는 사물을 보고 인지하는 경우를 살펴보자. 머신러닝의 경우 강아지의 생김새와 같은 특징을 추출하는 특징 추출기가 존재한다. 또 추출된 특징을 통해 강아지임을 판단하는 분류기가 있다. 반면, 딥러닝의 경우 둘이 따로 분리되지 않는다.

두 번째 차이점은 앞서 말한 차이점에 따라 자연스레 나타난다. 머신러닝은 특징을 추출하는 단계와 분류하는 단계가 분리되어 있다고 했다. 그래서 머신러닝에서는 피처 엔지니어링(Feature Engineering)이란 작업이 중요하다. 머신러닝에서 피처는 특징 추출기를 통해 데이터로부터 추출된 수치들로 분류기(모델)의 입력값에 해당한다. 피처 엔지니어링이란 모델의 입력값이 될 특징들을 변형하거나 적절하게 처리해 알고리즘의 성능을 향상시키는 작업이다.

가령, 반 학생들의 비만도를 예측하려 한다고 하자. 주어지는 정보는 키와 몸무게다. 키와 몸무게를 각각의 특징으로 삼을 수 있다. 하지만 이보단 둘을 조합한 체질량지수(BMI)를 특징으로 삼는 게 더 효과적이다. 이렇게 특징들을 조합하거나 선택하는 과정이 머신러닝에는 대개 포함된다. 이는 성능에 큰 영향을 미치는 중요한 작업이다.

반면 딥러닝에서는 특징을 조합하거나 선택하는 작업이 따로 분리되어 있지 않다. 수많은 학생들의 키와 몸무게 그리고 비만도라는 데이터를 입력한다. 그러면 딥러닝은 자동적으로 BMI가 좋은 특징이라는 것까지 학습한다.

세 번째, 딥러닝은 머신러닝과 달리 기본적으로 인공신경망에서 출발한다. 인공신경망은 생물학에서 일컫는 신경망에서 아이디어를 얻은 학습 알고리즘이다.

단순한 신경망을 깊게 이은 딥러닝

앞에서 말한 신경망이란 무엇일까? 신경망을 알기 위해선 시냅스를 알아야 한다. 시냅스란 신경세포의 말단이 다른 신경세포와 연결되는 부분을 의미한다. 신경망은 이런 시냅스들의 결합으로 이루어져 있다. 시냅스들의 결합 세기를 변화시켜 특정 자극에 따라 적합한 반응을 이끌어낸다. 가령, 누군가 나를 꼬집었다고 하자. 이때 신체 내부에선 수많은 신경망들이 시냅스를 따라 반응을 일으킨다.

인공신경망은 인공적으로 자극에 따른 반응 구조를 모사한다. 자극과 반응을 수치화하는 것이다. 숫자로 표현되면 컴퓨터에서 값을 인식할 수 있고, 앞서 언급했던 모델 학습이 가능하게 된다. 이렇게 학습 가능한 인공신경망들을 계속 깊게 이어나갈 경우 자극과 반응에 대한 복잡한 메커니즘도 모사할 수 있게 된다.

딥러닝이 학습할 수 있는 것은 단순한 자극에 대한 반응뿐만이 아니다. 보고 듣는 것은 인간의 주요 인지능력과 관련되어 있는데, 이와 관련된 자극과 반응 또한 수치화되고 학습될 수 있다. 예를 들면 사람에게 사과를 보고 사과라고 인지할 수 있는 것, 즉 보고 인지하는 행위는 우리에게는 당연한 행위다. 반면, 인공지능에게 이는 어려운 과제다. 하지만 단순한 신경망들을 아주 깊게(Deep) 이을 경우 인지능력을 모사하는 것도 가능하다. 인공신경망이 깊게 이어지면 사람의 지능과 유사한 높은 수준의 추상화 능력을 지니게 된다. 티끌 모아 태산이란 말과 일맥상통한다. 그리고 아무리 단순한 신경망이라도 깊게 이어지면 성능은 인간의 인지능력을 뛰어넘기도 한다. 이처럼 깊다는 의미에서 심층 학습, '딥러닝'이라고 불린다.

AI가 데이터를 통해 배우는 방법, 지도 학습과 비지도 학습

아기는 어떻게 말을 배울까? 양육자가 아기에게 "저건 사과야"라고 알려주기에 배울 수 있다. 그러면 아기는 빨갛고 동그랗게 생긴 물체가 사과라는 걸 배우고 인지한다. 다음에 유사한 물체를 보면 아기는 사과라고 말할 수 있다. 여기에 쓰인 학습 방식은 무엇일까?

인공지능이 데이터를 통해 배우는 방법은 크게 2가지로 분류할 수 있다. 지도 학습과 비지도 학습이다. 지도 학습은 데이터별로 정답이 함께 주어지는 학습이고, 반대로 정답이 주어지지 않는 학습을 비지도 학습이라고 한다. 앞에서 예로 든 사과를 배운 아기의 학습 방식은 지도 학습이다. 사과라는 정답을 양육자가 알려주었기 때문이다. 누군가 지도를 해주어 알게 했으므로 지도 학습이라고 한다.

반면 서너 살의 아이에게 파란 구슬과 빨간 구슬이 뒤섞여 있는 상자를 가져다놓고 놀게 한 다음 파란 구슬은 파란 구슬끼리, 빨간 구슬은 빨간 구슬끼리 따로 모으라는 놀이를 시켜보자. 그러면 아이는 자연스럽게 빨간색과 파란색을 구별해서 각각 다른 상자에 담을 수 있을 것이다. 아이는 딱히 지도받지 않더라도 두 구슬의 색깔 차이를 안다. 데이터별로 특별한 정답이 주어지지 않았는데도 군집을 나눌 수 있는 것이다. 구슬을 나누는 것처럼 특별히 지도하지 않았는데도 답을 찾아갈 수 있는 것을 비지도학습이라고 한다.

머신러닝으로 해결하는 대표적 문제, 분류와 회귀

머신러닝으로 해결할 수 있는 대표적인 문제로 분류와 회귀가 있다. 분류는 말 그대로 어떤 값이 어떤 카테고리에 속하는지 분류하는 과제다. 강아지와 고양이의 사진을 분류한다고 해보자. 이때 '강아지', '고양이'라는 카테고리가 있다. 특정 사진이 어떤 항목에 속하는지를 찾는 게 분류다. 대표적인 예로 숫자 인식이 있다. 숫자는 0에서 9까지 항목이 정해져 있다. 휘갈겨 쓴 필기체를 보고 0에서 9 사이의 숫자로 판단하는 것, 이것이 분류다.

회귀는 특정 카테고리가 없다. 대신 값이 존재하기에 그 값을 출력한다. 강아지와 고양이를 분류하는 게 아닌 다른 예를 들어 보자. 강아지 사진을 보고 강아지의 몸무게를 예측한다고 하자. 몸무게는 카테고리가 있는가? 없다. 그냥 값이다. 골든리트리버 사진을 보고 20.4킬로그램이라고 예상되는 값을 출력한다. 보다 작은 견종인 푸들의 사진을 보고는 5.4킬로그램이라고 예측한다. 특정 카테고리에 속하지 않은 값을 예측해야 한다면 분류가 아닌 회귀라는 도구를 이용해야 한다.

AI 기술에는 이처럼 지도 학습과 비지도 학습, 분류와 회귀 방식이 모두 쓰인다. 다음 글에서는 AI와 관련한 지식을 데이터 활용 측면에서 다뤄보고자 한다. 데이터에 따라 어떤 알고리즘을 사용하면 좋을지를 알아보겠다. 역으로 특정 알고리즘에 적합한 데이터의 종류는 무엇인지도 설명할 것이다. 실제로 활용된 사례가 더해지면 AI를 활용할 수 있는 감을 얻을 수 있으리라 생각한다.

AI, 무턱대고 쓰지 말고
데이터 먼저 파악하라

도구는 여러 개를 쓴다

나무를 자르는 데도 한 가지 도구만 이용하지 않는다. 나무의 종류에 따라 톱의 종류를 달리한다. AI를 활용하는 데에서도 같다. 데이터의 종류에 따라 활용하는 도구도 달라진다. 우선 머신러닝과 딥러닝 사이에서 어떤 선택을 해야 하는지부터 살펴보자.

머신러닝과 딥러닝의 종류는 다양하다. 머신러닝의 경우 기본적인 선형회귀(Linear Regression)에서부터 의사결정나무(Decision Tree), 랜덤 포레스트(Random Forest), 서포트 벡터 머신(Support Vector Machine) 등 여러 알고리즘이 있다.

여기서는 각 알고리즘별 특성이나 활용법에 대해선 다루지 않을 것이다. 딥러닝도 마찬가지다. 그보다는 머신러닝과 딥러닝을 처음 접하는 사람에게 전체적인 윤곽을 잡아주는 데 주안점을 두고자 한다.

비정형 데이터에 가까울수록 딥러닝이 유리하다

데이터는 크게 정형 데이터(Structured Data)와 비정형 데이터(Unstructured Data)로 나뉜다. 정형 데이터는 문서, 회계 따위의 미리 정해놓은 형식과 구조에 따라 구성된 데이터를 말하고, 비정형 데이터는 정의된 구조가 없이 정형화되지 않은 데이터로, 동영상 파일, 오디오 파일, 사진과 메일 본문 등이 이에 해당한다.

비정형 데이터에 가까울수록 딥러닝이 유리하다. 데이터가 테이블로 잘 정리될 수 있다면 정형 데이터에 가깝다. 가령, 반 학생들의 성적을 예측한다고 해보자. 학생마다 과목별로 공부하는 시간이 있다. 다니는 학원의 개수도 있고 수면 시간, 이전 성적 등이 있다. 각 항목들은 특정 수치로 입력할 수 있는 값이기에 정형 데이터에 가깝다. 이럴 경우 통계나 머신러닝을 활용할 수 있다.

부동산 가격 예측은 어떨까? 뉴스에서 인근에 지하철이 들어선다거나 쓰레기 매립장이 들어선다는 정보가 있다. 지하철이 들어선다는 정보가 있을 경우 시세가 확 뛴다. 반면 쓰레기 매립장이 들어선다는 정보는 님비(NIMBY, Not In My Back Yard) 현상으로 해당 지역을 기피하게 만든다. 이 경우 시세가 오히려 떨어진다.

이러한 정보는 정형화된 정보와는 다르다. 텍스트 속에서 어떤 수치를 뽑아내야 연산이 가능하기 때문이다. 이러한 텍스트 데이터는 비정형 데이터에 속한다. 이럴 경우 딥러닝이 유리하다. 이미지나 영상, 음성도 비정형 데이터에 속한다.

빅데이터일수록
딥러닝이 유리하다

데이터의 크기에 따라서도 설명할 수 있다. 빅데이터일수록 딥러닝이 머신러닝보다 적합하다. 이미지 데이터의 경우가 그러한데, 예를 들어 입력 데이터가 1,024×1,024의 해상도를 지닌 이미지라고 하자. AI가 인식하는 입력값은 이미지 장당 단위가 아닌 해상도 하나를 이루는 픽셀(이미지를 구성하는 미세한 사각형) 단위다. 그래서 이미지 한 장도 백만 단위의 픽셀 정보를 내포한다. 이미지와 관련된 과제에선 이러한 이미지는 수천 장에서 수만 장, 수십만 장이 포함된다. 그래서 데이터의 크기가 큰 이미지나 영상과 관련되는 경우 딥러닝이 주로 활용된다.

데이터 간의 관계가 비선형적일수록 딥러닝이 유리하다

데이터 간의 관계에 따라 활용 방식이 나뉠 수 있다. 대체로 키가 클수록 신발 사이즈도 크다. 둘 사이의 관계는 선형적이라고 할 수 있다(쉽게 말하면 비례한다는 뜻이다). 이럴 경우 통계나 머신러닝이 유리하다.

반면 시간에 따른 주가는 어떨까? 뒤죽박죽이다. 특정 항목의 경우 시간이 지나면 주가가 상승하지만, 반대의 경우도 많다. 정치나 경제의 이슈 등에 따라 가격이 급등하기도 하고 폭락하기도 한다. 시간이 지남에 따라 주가가 일관되게 상승하거나 하락할 것이라고 예상할 수 없다. 이런 관계를 비선형적이라고 한다.

이 외에도 근로자의 근무시간이나 생산량도 비선형적인 관계라 할 수 있다. 업무 시간을 너무 과중하게 늘리면 스트레스로 오히려 효율이 떨어진다. 그렇다고 너무 근무시간을 줄이자니 생산량이 걱정될 수밖에 없다. 이런 비선형적인 관계는 통계보단 머신러닝이, 머신러닝보단 딥러닝이 유리하다.

설명을 요한다면
딥러닝을 사용할 수 없다

마지막으로 설명을 필요로 하는 정도에 따라 활용 도구를 달리해야 한다. 딥러닝에 가까울수록 블랙박스 모형에 가깝다. 블랙박스 모형이란 입력과 출력은 있지만 안에서 어떻게 계산하고 작동하는지는 알 수 없는 모형이다. 종전의 알고리즘에 익숙한 사람들은 인공지능의 판단 결과에 대해 놀란다. 성능이 뛰어나기 때문이다. 그리고 어떻게 해서 그런 판단을 내렸는지 궁금해한다. 그리고 딥러닝이 왜 그렇게 작동했는지 설명해달라고 한다.

설명이 꼭 필요할 경우 딥러닝을 쓰지 않는 게 맞다. 예를 들어 눈앞에 컵이 놓여 있다고 하자. 그런데 누군가 당신에게 묻는다. "저게 왜 컵이에요?" 이럴 때는 답을 할 수 없다. "사람의 뇌 속에서 이러이러한 반응으로 인해 컵이라고 판단했습니다"라는 게 답이 될까? 그냥 컵이니까 컵이다. 이를 받아들이지 못한다면 딥러닝을 사용하지 못한다. 받아들이지 못할 경우, 통계나 의사결정나무와 같은 설명 가능한 머신러닝 모형만을 이용해야 한다.

물론 딥러닝도 '설명 가능한 AI(Explainable AI)'라는 분야가 있고 연구가 활발히 진행되고 있다. 하지만 정말로 사람들이 만족할 수준의 설명이 가능하지는 않다. 이것이 가능할 때는 좀 더 기술이 발달한 미래이지 않을까 싶다.

지도 학습과 비지도 학습 중
어떤 걸 활용해야 할까

지도 학습은 특징 데이터와 함께 정답 데이터가 주어져야 한다. 가령 주식의 특정 항목의 가격을 예측하는 문제라고 하자. 이는 정답이 주어져 있다. 시기별로 주가 정보가 있기 때문이다. 이 경우 주가와 관련된 여러 특징 데이터들을 바탕으로 지도 학습을 시도할 수 있다.

그런데 현실에선 이런 정답 데이터가 없는 경우도 많다. 입지 분석이 그렇다. 가령, 호두과자 가게를 오픈하려고 한다. 해당 호두 가게를 특정 지역에 오픈했을 때 얻을 수 있는 매출을 예측하려면 어떻게 해야 할까? 과거의 매출 데이터가 있어야 한다. 내가 14개의 호두과자 가게를 이미 차린 경험이 있다고 하자. 그럴 경우 다른 곳에 위치한 호두과자 가게의 매출 데이터를 토대로 지도 학습을 할 수 있다. 하지만 한 번도 가게를 오픈한 적이 없다면 어떡할까? 매출 데이터를 모른다. 매출 데이터를 모르니 지도 학습을 하기가 어려운 것이다.

이럴 경우 여러 특징 데이터를 토대로 비지도 학습을 하는 게 맞다. 군집 분석과 같은 비지도 학습으로 데이터의 특징을 좀 더 파악해보는 것이다. 여기서 군집 분석이란 앞서 말했던 빨간 구슬과 파란 구슬을 분류하는 것과 같은 작업을 말한다. 빨간 구슬은 색상이 빨간 군집에 속하고 파란 구슬은 색상이 파란 군집에 속한다.

입지 분석을 꼭 해야 한다면, 비지도 학습에 기반한 분석 이후 적절한 정답 데이터를 선정한다. 여기서 목표는 매출이 높을 것 같은 지역을 예상하는 것이다. 그러므로 선정한 정답 데이터는 매출 데이터와 선형적인 관계를 보여야 한다. 가령, 호두 과자 가게 인근에서 사람들이 얼마나 왔다 갔다 하는지, 즉 유동 인구는 매출과 관련이 깊다. 이 경우 2개의 변수, 매출과 유동 인구는 상관관계가 있다고 표현한다. 상관관계 분석 시 '상관계수'라는 숫자가 도출될 수 있는데, 이는 2개의 변수가 서로 관련된 정도를 의미한다. 이 값의 절댓값이 1에 가까울수록 두 변수는 선형적인 관계에 가까워진다.

매출 데이터가 없으므로 매출 데이터를 대신할 만한, 매출과 상관관계가 깊은 데이터를 선정한다. 그리고 이 데이터를 정답으로 주어 다른 변수들이 주어질 때 이를 추정할 수 있도록 지도 학습을 한다.

예를 들어 매출 데이터를 대체할 데이터를 유동 인구 데이터라고 하자. 인근의 교통량이라든가 날씨, 지하철역과의 거리, 버스 정류장과의 거리 등 다양한 데이터가 이에 영향을 미칠 수 있다. 이들 데이터를 바탕으로 유동 인구를 예측할 수 있게끔 지도 학습을 시행한다. 그러면 원하는 장소의 교통량, 날씨 등이 주어지면 해당 지역의 유동 인구를 예측할 수 있다. 이를 토대로 매출이 높은 지역을 추정하는 입지 분석이 이루어지는 것이다.

데이터에 기반한 도구의 선택

이렇듯 실제 내가 가지고 있는 데이터에 기반해 도구를 잘 선택해야 한다. 데이터가 정형 데이터인지 빅데이터에 가까운지, 데이터 사이의 관계가 선형적인지를 파악한다. 또 해당 문제를 해결하는 과정을 설명할 수 있어야 하는지도 살펴본다. 이에 맞게 통계, 머신러닝, 딥러닝 방법론을 선택한다. 그리고 주어진 문제에 정답이 있는지 혹은 정답을 대체할 만한 데이터가 있는지도 탐색한다.

지피지기면 백전불태라고 했다. 데이터 과학에서도 마찬가지다. 데이터와 도구를 잘 알아야 승리할 수 있다.

AI를 이용하는
기업이 되기 위해

우선 인재를 뽑고
팀을 구성하라

이제 비즈니스는 AI와 떨어뜨려 놓고서는 생각할 수 없게 되었다. 매출을 올리고 시장에서 성공하려면 AI 활용은 필수다. AI를 활용하고 이를 매출에 적용하기 위해서 기업이 준비해야 할 첫 번째는 인재를 뽑고 팀을 구성하는 일이다.

그러나 데이터 분석가, 데이터 과학자의 경우 몸값이 비싸다. 시장의 수요는 많고 공급은 턱없이 부족하기 때문이다. 몸값이 워낙 비싸다 보니 시니어급의 데이터 분석가를 고용하기에는 사정상 여의치 않은 기업이 많다. 그럴 경우 우선 주니어급의 데이터 분석가, 데이터 과학자를 채용해야 한다. 채용하고 함께 성장하는 방식으로 가는 것이다. 그리고 데이터 혁신 부서를 설립해서 혁신을 시도해야 한다.

불황기라고 혁신을 주저하면 안 된다. 꾸물거릴수록 경쟁 업체에 밀리게 되고 혁신에서 더 멀어질 뿐이다. 주식에서도 남들이 살 때 사면 그 이후 가격이 떨어지고, 다들 팔 때 팔면 오히려 가격이 상승하지 않는가? 위기라고 움츠러들지 말고 이럴 때 오히려 반대로 행동해야 한다. 혁신은 더 나은 발전을 위한 도약이다. 도움닫기에서 준비 자세는 주춤하는 것처럼 보이지만 주저앉은 게 아니다. 더 큰 도약을 위해 준비하는 과정인 것이다. 오히려 위기일수록 기업은 혁신을 위한 준비를 해야 한다.

팀을 구성하는 3가지 방식

 팀을 구성하는 방식에는 크게 3가지가 있다.

첫째, 데이터 과학자들을 한 곳에 묶어두는 중앙 집중형 방식
둘째, 마케팅, 세일즈, 개발 등 각 팀마다 데이터 과학자 또는 데이터 분석가를 하나씩 두는 분산형 방식

셋째, 위 둘을 혼합한 방식

혼합형 방식의 경우 데이터 과학자가 많을 경우 가능한 방식이다. 타 부서별로 데이터 과학자들이 배치되어 있고, 중앙 부서도 존재한다. 중앙 부서 내에서 각 부서별 데이터 과학자들을 관리하는 것으로, 팀 구성 방식 가운데 가장 이상적이다. 여건만 되면 두 방식의 장점을 모두 취할 수 있기 때문이다. 하지만 현실적으론 10명 이상의 팀원을 모으기 힘들 거라 예상되므로 혼합형 방식은 여기서 논의하진 않겠다.

중앙 집중형 방식

중앙 집중형 방식의 가장 큰 장점은 창의성을 증진할 수 있다는 점이다. 데이터 과학은 특성상 창의성이 굉장히 중요한 분야다. 데이터 분석 과정은 예상했던 대로 흘러가는 경우가 드물고, 새로운 아이디어를 발휘해야 할 때가 많기 때문이다. 데이터 과학자들은 함께 모여 있을 때 시너지가 나고 또 각자 창의성을 자극시킨다. 그렇기에 중앙 집중형 방식은 창의성을 증진시키는 데 효과적이다. 한 사람보다는 두 사람이, 둘보다는 세 사람이 머리를 맞댈 때 훨씬 번뜩이는 아이디어가 나올 수 있다.

또한 데이터 관련 업무는 모두 데이터 혁신팀에 주어지므로 다양한 업무를 할 기회가 많다. 데이터 분석가나 데이터 과학자

입장에선 다양한 업무가 주어지는 것이 좋다. 다양한 업무가 주어지는 것이 그들에겐 대개 다양한 데이터를 접해보고 싶은 욕심이 있고, 그런 경향이 자신의 커리어에 보탬이 된다고 생각하기 때문이다.

분산형 방식

중앙 집중형 방식을 통해서 협업을 꽤 할 수 있다. 하지만 데이터 분석은 어디까지나 한 사람이 한 주제를 맡아 하는 게 더 빠른 결과를 도출해내는 작업이다. 특정 데이터 수집이나 EDA(Exploratory Data Analysis, 탐색적 데이터 분석)에 있어 도움을 받을 수는 있다. 하지만 데이터를 분석하고 레포트를 정리하는 건 한 사람이 하는 게 효율적이다. 이런 장점을 살릴 수 있는 방식이 바로 분산형 방식이다.

중앙 집중형 방식을 통해 여러 사람이 하나의 분석을 함께 한다고 하자. 이 경우 분석을 해서 도출한 결론이 나오기까지의 모든 과정을 함께 공유해야 한다. 그렇지 않으면 다른 사람이 해당 분석에 개입할 여지가 매우 적을뿐더러 개입하기도 어렵다. 그러기 위해 문서 작업을 해가며 일을 해야 한다. 이는 빠르게 분석하고 인사이트를 얻어야 할 작업을 비효율적으로 만든다. 그렇기에 주제별로 주된 분석은 한 사람이 하는 게 효율적이라는 것이다.

또 다른 분산형 방식의 장점은 데이터 과학자가 특정 분야의 데이터를 주로 다룰 수 있다는 점이다. 가령 이미지와 관련된 데이터만을 주로 다루게 될 경우 컴퓨터 비전 전문가가 된다. 혹은 텍스트 데이터와 관련된 데이터만을 주로 다뤄 텍스트 마이닝 전문가가 될 수도 있다. 앞의 중앙 집중형 방식에 비해 한 분야에 대해 깊게 이해하는 스페셜리스트가 될 수 있는 기회인 것이다.

하지만 장점이 곧 단점이 되기도 한다. 분산형 방식에서 데이터 과학자는 해당 부서와 관련된 데이터만 다뤄볼 수 있게 된다. 데이터 전처리 작업은 생각보다 지루하고 힘이 드는 일이다. 이런 전처리의 특성상, 특정 분야의 데이터만 파고드는 것은 사람을 지치게 만들 수 있다.

개인적으론 때에 맞게 여러 데이터를 접하는 게 더 동기부여가 잘 됐던 기억이 있다. 또한, 분산형 방식의 경우 팀원이 소수일 경우 각 부서별로 한두 명씩 배치될 수도 있다. 이 경우 외딴 섬에 홀로 있는 것마냥 데이터 혁신팀에 소속감을 느끼지 못하게 만들 수 있다. 이는 동기부여를 약화시켜 업무에도 악영향을 줄 수 있다.

내가 추천하는 팀원 구성 방식은 혼합형 방식이다. 하지만 혼합형 방식의 경우 앞서 말했던 것처럼 다수의 구성원이 있어야 가능하다. 여건상 중앙 집중형 방식과 분산형 방식 둘 중 하나를 골라야 한다면, 중앙 집중형 방식을 추천한다.

중앙 집중형 방식을 적용하더라도 명확하게 해야 할 것이 있다. 일 처리에 있어서 공통의 영역과 각자가 담당하는 일을 구분하는 것이 좋다. 데이터 과학자를 한 군데 모아놓되, 각자가 담당하는 데이터 혹은 분석 과정을 명확하게 할당하는 것이다. 한 군데에 모아놓았기에 데이터 과학자들은 서로 시너지를 낼 수 있다. 또한 데이터 수집이나 EDA 등의 도움을 서로에게 요청할 수 있기에 업무 효율성도 높일 수 있다.

프로젝트 단위로 리더를 선정하라

팀을 구성했더라도 리더가 없다면 많은 불화가 생길 수 있다. 일정을 관리하고 진행 상황을 점검 및 보고하는 일 또는 그만한 책임과 권한을 가진 사람이 필요하다. 그런 권한이나 책임이 누구에게도 없다면 팀원들 중 희생을 하는 사람이 생길 수밖에 없다. 남은 팀원은 남은 팀원대로 고충을 겪고 말이다. 그러므로 팀에서 팀장의 역할은 필수적이다. 하지만 데이터 혁신팀의 경우 팀장을 고정적으로 가져갈 필요는 없다.

팀원마다 각자 가지고 있는 역량이 다르다. 어떤 팀원은 영상

처리에 특화된 데이터 과학자일 수도 있고, 어떤 팀원은 데이터 시각화에 특화됐을 수도 있다. 프로젝트가 있으면 각 팀원별로 적합한 사람을 리더로 선정하고 그를 적극적으로 팔로업하게 하자.

가령 한 팀원은 특정 프로젝트에선 리더가 될 수도 있고 다른 프로젝트에선 팀원이 될 수도 있는 것이다. 프로젝트 특성에 따른 전문화된 능력을 우선하여 리더를 선정하는 것이다. 이럴 경우 각 팀원들은 서로를 보고 배우려고 노력할 것이다. 서로 도움을 주면서도 자극을 줄 수 있는 좋은 관계를 형성하는 것이다.

실패를 실패로 보지 마라

데이터 혁신팀이 생기면 많은 새로운 시도가 가능하다. 기존에는 엄두를 못 냈던 새로운 기술을 연구할 수도 있다. 또한 최선이라고 믿었던 기존 기술을 개선, 보완하여 업무의 효율화를 꾀할 수도 있다.

이런 것이 가능하려면 말 그대로 '혁신'을 해야 한다. 혁신은 새로운 시도와 도전을 전제로 한다. 물론 많은 시행착오가 있겠지만, 이때 벌어지는 착오는 '실패'가 아니다. 뒤에서 말하겠지만 대부분의 기업에선 아직 효과가 나기 전인데 효율을 바란다. 이를 실패라고 보고 비용 측면에서 손실을 고려한다. 그리고 책임을 물을 상대를 찾는다. 임원들도 책임 돌리기에 급급하다. 누가 이런 시도를 하자고 했냐고 말이다. 이럴 경우 데이터 혁신팀은 붕괴될 수도 있다.

새로운 방식을 도입하고 이 과정에서 시행착오가 벌어질 수 있다. 이 상황에서 잘잘못을 따지는 게 중요한 게 아니다. 여기서 무엇을 배웠고 무엇을 얻었는지가 중요하다. 혁신의 과정에서 나타나는 시행착오들은 표면적으론 실패한 것처럼 보이지만 실상은 그렇지 않다. 시도를 했고 거기서 교훈을 얻어 더 나은 시도를 할 수 있는 밑거름을 다진 것이다.

빠르게 치고 끊어야 한다

AI를 활용하며 발 빠르게 혁신을 주도하는 기업이 되기 위해서는 실패를 실패로 여기지 않고 새로운 시도를 장려하는 문화를 정착시켜야 한다. 실패를 오히려 환영하는 문화가 필요하다. 실패에 낙담하지 않기 위해선 비용을 최소화해야 하고, '빠르게' 실패해야 한다.

나비처럼 날아서 벌처럼 쏘란 말이 있다. 천재 복서 무하마드 알리를 상징하는 말이다. AI를 도입하는 데이터 혁신팀도 나비처럼 날아서 벌처럼 쏘아야 한다. 시도는 최대한 가볍게 하되 빠르게 쏘고 나가야 한다. 처음부터 거창한 데이터 분석이나 인공지능 모델을 만든다는 목표로 가서는 안 된다. 큰 목표를 잘게 쪼개야 한다.

가령 인공지능에 기반한 부동산 투자 프로그램을 만든다고 하자. 처음부터 모든 걸 다 하려고 하면 안 된다. 쪼개고 쪼개서 우선 데이터 수집과 간단한 시각화만을 목표로 삼고 가야 한다. 그리고 나서 인공지능을 도입할 단계는 새로운 프로젝트로 가져가는 것이다. 프로젝트의 단위는 아무리 길어도 두세 달이다. 한 달 혹은 몇 주 정도로 치고 빠질 수 있을 정도로 기한과 목표를 정하는 게 좋다. 그러지 못할 경우 실패에 대한 리스크가 커져, 실패에 대한 시행착오가 아니라 말 그대로 실패로 맛보게 된다.

변화를 거부하는 문화

변화를 거부하고 효율성을 해치는 대표적인 2가지 문화가 있다. 새로 개발한 아이템에 대해 지나치게 검증을 중요시하는 것과 과도한 해석을 요구하는 것이다.

데이터 혁신팀에 의해 성공적인 아이템이 나왔다고 하자. 이를 통해 마케팅팀의 기존 프로세스를 개선하려고 한다. 혁신팀에 따르면 데이터에 기반한 예측 모델로 기존 프로세스 대비 성능이 30%가량 상승했다. 사용자들에 대해 테스트도 완료했고 버그도 잡았다고 한다. 마케팅팀의 기존 프로세스를 대체하기만 하면 되는 상황이다. 그런데 이게 쉽지 않다.

이럴 경우 주로 나오는 반응은 2가지다. 끊임없는 검증 혹은 해석이다. 대부분 사람은 변화를 받아들이기 싫어한다. 새로운 프로세스를 도입하면 성능이 명확히 좋아지는데 안정성이 없다며 도입하기를 꺼린다. 혹은 검증이 되지 않았다며 보다 정밀한 검증을 요구한다. 기존의 프로세스에 대한 검증 절차도 제대로 정립되어 있지 않은데도 말이다. 만약 검증을 지나치게 중시한다면 이를 위한 새로운 절차를 만들어야 한다. 일을 위한 일을 하게 되는 것이다.

새로운 아이템에 대한 또 다른 거부는 별도의 해석을 요구하는 일이다. 딥러닝의 경우 데이터에 기반해서 성능이 나오기에 데이터에 근거해서 설명을 한다. 하지만 거부 반응을 표출하는 누군가는 예외적인 데이터를 들고 온다. 그리고 예외 데이터에 대한 적절한 설명을 바란다. 이를 위해 데이터 혁신팀에서는 딥러닝 모델에 대해 해석하고 설명할 수 있을 만큼 한다. 하지만 이런 설명과 해석에도 한계가 있다. 인공지능 모델의 경우 블랙박스 모델이기 때문이다.

많은 기업의 경우 쉽고 명쾌한 알고리즘처럼 설명할 수 있는 해석을 바란다. 사람에게 컵이 컵인 것은 당연하다. 인공지능에게도 마찬가지다. 그런데 해석을 요하니, 컵이 왜 컵인지에 대해 설명하기 위해 한세월을 보내야 하는 것이다.

이런 상황에 부닥치면 데이터 혁신팀의 의욕은 꺾일 대로 꺾인다. 분명히 성공적으로 장착됐어야 할 프로세스인데도 말이다. 끝없는 검증을 바라거나 해석을 원하는 상황이 벌어져선 안 된다. 전사적으로 데이터에 근거한 결정을, 인공지능을 믿고 따를 준비가 되어 있어야 한다.

바람직한 데이터 및 AI를 활용하는 기업 문화

AI를 활용하려는 기업이라면 데이터의 중요성을 알고, 의사결정도 데이터에게 맡길 수 있어야 한다. 사람의 의사가 개입하는 부분을 점진적으로 줄여나가는 것이다.

자율주행기술이 발전하는 방향도 이 같은 맥락이다. 자율주행 자동차의 기술은 5단계 레벨로 나뉜다고 한다. 0단계는 운전자가 모든 것을 통제하는 단계다. 1단계는 부분 보조 주행, 2단계는 보조 주행 단계, 3단계는 부분 자율주행 단계며, 4단계는 고도 자

◐ **자율주행차 발전 단계**

단계 (Level)	정의	주행 제어 주체	주행 중 변수 감지	차량 운행 주체
00 No Automation	전통적 주행 운전자가 모든 것을 통제, 시스템은 경고와 일시적인 개입만	인간	인간	인간
01 Driver Assistance	부분 보조 주행 속도 및 차간거리 유지, 차선 유지 등 시스템이 일정 부분 개입	인간 및 시스템	인간	인간
02 Partial Automation	보조 주행 특정 상황에서 일정 시간 동안 보조 주행, 필요 시 운전자가 즉시 개입	시스템	인간	인간
03 Conditional Automation	부분 자율주행 고속도로와 같은 조건에서 자율주행, 필요 시 운전자가 즉시 개입	시스템	시스템	인간
04 High Automation	고도 자율주행 제한 상황을 제외한 대부분의 도로에서 자율주행	시스템	시스템	시스템
05 Full Automation	완전 자율주행 탑승자는 목적지만 입력, 운전대와 페달 제거 가능	시스템	시스템	시스템

* 미국자동차공학회 기준 출처: 〈HMG 저널〉, 2019. 9. 2.

율주행 단계다. 그리고 최종 단계인 5단계는 운전자가 운전을 하지 않아도 되는 완전 자율주행 단계다.

5단계는 차량에게 모든 걸 맡겨도 목적지까지 자동으로 운전을 해준다. 5단계가 아직까지 상용화되기엔 어려운 점이 있다. 하지만 기술의 발전에 따라 자율주행은 점진적으로 5단계를 향해 나아가고 있다.

기업에서 AI를 이용할 때도 그렇다. 사람이 개입하는 여지가 점점 줄어들어야 한다. 즉 받아들일 부분은 받아들이고 빠르게 발전하는 방향으로 나가야 한다. 지나치게 검증하고, 해석하고 이해하려는 시간에 새로운 기술을 어떻게 활용할지를 고민하는 게 더 낫다.

인간에겐 인간이 할 일이 있다. 인간이 할 일은 왜 이렇게 빨라졌는지 검증하고 해석하는 게 아니다. 어떻게 빠르고 효율적으로 처리하는지는 데이터와 인공지능에게 맡겨야 한다. 그것보단 현 단계에서 진행되는 방향이 맞는지, 왜 그러한 방향으로 가야 하는지 명확하게 아는 것이다. 기계가 더 잘하는 효율성 분야는 기계에게 맡기자. 인간은 그보다 본질적인 유효성과 방향성을 고민해야 한다.

2장

매출을 올리기 위한 AI와 데이터 과학의 활용

AI, 활용하는 사람은
누구인가

AI, 누가 활용하고
어떻게 활용할까

AI는 시대적인 필연성을 지니지만 그에 못지않게 기술적인 한계점을 분명히 지니고 있다. 따라서 기업들이 AI를 활용하기 위해서는 준비해야 할 과정이 반드시 필요하다.

AI를 실제로 활용하기 위해서 기업들이 해야 할 일들은 무엇일까? 기존 IT 부서에서 AI에 대한 스터디를 통해 이를 이루어낼 수 있을까? 혹은 화려한 데이터 시각화 기술을 보유한 데이터 분석가를 채용하면 될까? 아니면 알고리즘에 통달하고 몇 편에 걸친 논문을 낸 데이터 과학자를 채용하면 되는 걸까?

데이터를 다루는 두 분야,
데이터 과학자와 데이터 분석가

뒤에 더 자세히 설명할 테지만 AI를 실제 비즈니스에 접목시키는 데에는 전사적인 노력이 필요하다. 그중에서도 핵심적인 역할을 하는 사람이 바로 데이터 과학자다. 정확히는 데이터 과학자 중에서도 AI를 활용할 줄 알면서도 비즈니스에 대한 이해를 갖춘 사람이다.

일반적으로 AI에 대한 이해는 이공계적 소양을 필요로 한다. 반면 비즈니스에 대한 이해는 인문학적 소양을 요한다. 그렇기에 둘을 모두 갖춘 사람을 찾기는 쉽지 않다. 데이터 과학자가 대체 무슨 일을 하는 사람이기에 이 2가지 소양이 모두 필요한 것일까?

데이터와 관련해서는 많은 직업이 존재한다. 그중에 살펴볼 대표적인 직업이 바로 데이터 분석가와 데이터 과학자다. 작은 기업에서는 이 모든 직군을 한 사람이 다 맡아 하기도 하지만 큰 기업에서는 각 분야가 좀 더 세분화되고 전문화되어 있다. 때로는 데이터 엔지니어와 머신러닝 엔지니어가 따로 존재하기도 한다. 각 직군마다 담당하는 업무가 달라 숙련된 부분도 다르다. 그렇기에 기업에서 데이터 관련 인력을 채용할 때도 이 부분을 숙지하고 있어야 한다.

데이터 분석가는 데이터를 통해
과거나 현재를 진단한다

데이터 분석가는 데이터를 통해 과거나 현재를 진단한다. 이를 진단 분석이라고도 한다. 이 과정에 A/B 테스트와 같은 실험을 통해 현상의 인과관계를 파악한다. A/B 테스트는 무작위비교연구(RCT, Randomized Controlled Trial)라고도 한다. 무작위로 집단을 나눈 후 집단별로 여러 선택지들에 대한 대조실험을 하는 것이다. 실험에서 선택지에 대한 반응을 확인하고 더 효과적인 방안을 선택하는 것이 바로 A/B 테스트다. 쉽게 말해 테스트 대상에게 A, B 2가지를 보여주고 반응이 더 좋은 것이 무엇인지 테스트하는 것이다.

두 그룹을 무작위라는 조건하에 통제하고 A, B 두 조건만 달리한다. 실제 A/B 테스트는 A, B 2가지가 아닌, 3가지 이상의 조건을 주기도 한다.

일례로 미국 대선이 치러진 2008년, 버락 오바마 후보 선거 캠프에서 후원금 모금을 위해 24가지의 웹페이지 조합을 설계한 것도 A/B 테스트의 일환이다. A/B 테스트를 통하면 의사결정에 도움이 될 만한 정보를 추출하고 도움을 얻을 수 있다. 이 과정에서 데이터를 변형하고 시각화하고 자료를 만들고 관련 부서의 사람을 설득하기도 한다. 데이터 분석가에게 AI는 필수가 아니다. AI 없이 단순 통계나 분석 기법, 시각화 등을 이용해도 진단 분석을 할 수 있기 때문이다.

데이터 과학자는
예측 분석이 가능하다

데이터 과학자는 진단 분석에서 더 나아가 예측 분석을 할 수 있어야 한다. 진단 분석은 예측 분석을 심층적으로 하기 위해 필요한 과정으로도 볼 수 있다. 가령 한 커피숍에서 매출은 늘어나는데 계속 적자가 난다고 하자. 원인을 파악하기 위해 매출 데이터와 인건비, 재료비, 임대료 등을 시각화해서 살펴본 결과 인건비가 문제인 것을 알았을 경우 이는 진단 분석에 해당한다.

예측 분석은 이와 같은 진단 분석에 기반해서 시행한다. 아직 발생하지 않은 일에 대한 대처에 앞서 과거와 현재에 대한 진단은 필수적이기 때문이다. 인건비나 재료비, 임대료, 주변 커피숍과의 거리와 매출 데이터를 통해 패턴을 파악한 뒤 이를 이용해 매출을 예측하는 경우가 예측 분석에 해당한다. 또한 새로운 상품의 가격을 추천하거나 적정 인건비를 제안하기도 하는데, 예측 분석을 하는 과정에서는 머신러닝이나 딥러닝과 같은 AI를 활용한다.

앞서 말한 것처럼 빅데이터에서 사람이 일일이 패턴을 찾기는 어렵다. 이는 모래사장에서 바늘을 찾는 것과 같다. 그렇기에 AI를 활용하는 것이다. 산재한 데이터 속에서 패턴을 찾는 것은 AI에 맡긴다. 이때는 필요한 2가지 요건이 있다.

우선 AI가 이해하기 쉽도록 데이터가 정제돼 있어야 한다. 'Garbage In Garbage Out'이란 말이 있다. 아무리 최첨단 머신이라도 쓰레기를 입력받으면 쓰레기를 출력할 뿐이다. 이 정제 작업을 '데이터 전처리'라고도 한다. 데이터 과학자가 데이터를 수집하고 전처리를 하는데 80% 이상의 시간을 소비할 정도로 데이터 전처리는 중요하면서도 고단한 과정이다.

두 번째로 필요한 요건은 알고리즘에 대한 이해다. 머신러닝의 종류도 다양하다. 소 잡는데 닭 잡는 칼을 쓰지 않는다. 마찬가지로 문제에 따라 여러 알고리즘 중 적합한 알고리즘이 있다. 데이터 과학자는 각 알고리즘의 원리를 이해하고 적합한 것을 적용할 줄 알아야 한다.

AI는 데이터 과학자의 무기다

이처럼 데이터 분석가와 데이터 과학자는 분야가 다르다. 실질적으로 AI를 주로 활용하는 직업은 데이터 과학자다. 또한 데이터 과학자는 'So what(그래서 어쩌라고?)'에 대한 대답을 할 수 있는 사람이어야 한다. 이는 문제를 제대로 정의하고, 그 문제에 적합한 알고리즘을 설계해야 가능하다. 개인적으로 이 과정이 흥미롭지만 'So what'에 대해 답하기는 쉽지 않다.

스타벅스 드라이브스루(Drive-Through) 최적 입지 선정을 AI 기반으로 예측하는 프로젝트를 진행한 적이 있다. 데이터 분석가의 경우 어떤 요인이 입지 선정에 영향을 줬는지 분석만 하면 되지만 데이터 과학자는 그 이후 어떻게 할 건지에 대해 답을 해야 한다(이와 관련한 이야기는 4장에서 더 자세히 소개했다).

AI 모형이 만들어지기까지 많은 과정이 있어야 한다. 데이터 분석을 통해 도출된 인과관계는 'So what'에 대한 답을 위해 꼭 필요한 단계다. 하지만 이것만으로 데이터 과학자라고 하기엔 부족하다. AI를 기반으로 한 모형을 설계하고, 이를 통해 솔루션을 제공할 수 있어야 진정한 데이터 과학자의 역할을 완료했다고 할 수 있다.

매출 10배 올려주는
데이터 과학자란

데이터 과학자에 대한
막연한 환상

AI와 빅데이터에 대한 막연한 환상을 가진 기업이 많다. 최신 기술을 도입하면 무조건 회사에 도움이 될 거라 생각하고 급한 마음에 무턱대고 데이터 과학자를 고용하고 빠르게 성과를 보려 한다.

실상은 어떠한가? 데이터 과학자를 고용해도 이렇다 할 성과를 거두지 못한다. 대개 데이터 과학자는 데이터를 분석하고 알고리즘에 기반해 예측할 뿐 비즈니스와는 친하지 않다. 그들은 사업가가 아닐뿐더러 사업을 해본 적도 없기 때문이다. 그래서 시장과 고객을 이해하지 못하고 그저 눈앞의 데이터를 보고 분석하고 진단해 해결책을 낼 뿐이다. 그 해결책도 대개는 기술적이거나 피상적인 것이어서 실제 비즈니스와는 동떨어져 있곤 한다. 과연 어디서부터 이런 문제가 발생한 것일까?

적합한 교육 과정의 부재

AI, 빅데이터가 새로운 분야이다 보니 관련 전공자가 부족하다. 애초에 데이터 과학자가 되기 위한 과정이 없었다. 현재 아예 없는 것은 아니지만 여전히 부족하거나 부실하다.

미국 대학은 스스로 전공을 만들게 한다. 학생 스스로 데이터 과학이란 전공을 만들고 해당 분야를 공부하는 것이다. AI 관련 분야의 석학들은 주로 해외에 많다. 하지만 해외 교수도 한국 교수의 연봉 수준인 1억 원가량으론 모집하기 힘들다. 그러다 보니 제대로 된 교육과정이 존재하지 않는 것이다.

한국에서 비교적 유사한 전공의 경우 통계학과, 컴퓨터공학과, 계산수학과, 산업공학과 등이 있다. 이 중에 인공지능, 빅데이터를 교과과정으로 접할 수 있는 학과는 드물뿐더러 교과과정 자체가 부실했다. 최근에 들어서야 교과과정이 달라지긴 했지만 이전에는 교육과정 자체가 없었다.

그런데 이런 기술과 관련된 과목만이 데이터 과학자에게 필요한 과목일까? 2021년에 들어 대학교에서 데이터 과학 전공을 만들기 시작했다. 그런데 교과과정에 보면 비즈니스나 마케팅과 관련된 항목은 단 하나도 없다. 오로지 프로그래밍과 데이터베이스, 통계수학 등만 존재하고 비즈니스에 대한 이해는 저 멀리 한 채다.

관련 학부를 졸업하거나 여타의 실무를 경험한 후 기업에 데이터 과학자로 취업 혹은 전직을 한다. 그러나 기업이 원하는 건 기술적 분석을 넘어서는 매출 상승이다. 결국 비즈니스를 알지 못하면 기업이 원하는 수준의 퍼포먼스를 낼 수 없다.

실제 데이터에 대한
이해 부족

데이터 과학자라고 하면 소위 캐글과 같은 곳에서 실력을 쌓았다는 사람도 많다. 캐글은 2010년에 설립된 플랫폼으로, 특정 기업 및 단체에서 데이터와 해결 과제를 등록한다. 그러면 데이터 과학자들이 이를 해결하는 인공지능이나 여타의 기술에 기반한 모델을 개발한다. 수많은 데이터 과학자들이 공통된 데이터를 놓고 경쟁할 수 있다. 이런 예측 모델 및 분석 대회 플랫폼이 캐글인 것이다.

캐글이나 이와 유사한 한국 플랫폼 데이콘의 데이터만을 접해본 사람은 실무에서는 아직 미숙할 수밖에 없다. 왜냐하면 캐글이나 데이콘의 데이터는 실제 데이터와 차이가 많기 때문이다. 해당 사이트에는 분석에 용이하게끔 예쁘게 정제된 데이터들이 많다. 하지만 실제 데이터는 막말로 더럽기 그지없다. 데이터를 수집하는 과정 자체도 공수가 많이 든다. 수집했다고 쳐도 정제되지 않아 바로 사용할 수 없다. 실제 데이터를 수집하고 정제하는 과정은 실제 부딪혀보고 겪어봐야만 안다. 하지만 이런 경험을 해보지 못한 사람이 많다. 그저 정제된 데이터를 모델링하기만 한 것이다.

이런 경우 실무에 나서면 우왕좌왕할 가능성이 높다. 데이터를 정제하느라 한세월을 보낸다. 이러다 보면 숲보다는 나무를 바라보게 되고, 매출 상승이라는 목표와는 동떨어진 일을 하게 되는 것이다.

그러면 이 문제는 어떻게 해결할 수 있을까? 실제 데이터를 접해보지 못한 건 경험을 통해 해결 가능하다. 이는 어느 정도 시간이 해결해준다. 인내심 있는 기업이라면 데이터 과학자의 실력이 쌓이는 걸 기다려줄 수 있겠다. 하지만 이런 기업은 유토피아에나 존재할 것이다. 데이터 수집과 정제는 기본적으로 빠르게 다룰 줄 알아야 매출 상승이라는 본질로 나아갈 수 있다.

비즈니스에 대한
이해 부족이 가장 큰 문제

대부분의 데이터 과학자는 데이터 과학과 유사한 전공 혹은 실무를 통해 길러진다. 파이선(Python)이나 R을 이용해 데이터를 통계적으로 분석한다(파이선과 R은 데이터 과학자가 사용하는 프로그래밍 언어다). 그리고 분석 과정에서 골똘히 고민하고 거기서 무언가를 얻는다.

데이터 과학자들에겐 이 과정에서 많은 업무가 쏠린다. 이것만으로도 일이 많다. 하지만 회사에서 원하는 건 이게 아니다. 데이터 과학자가 슈퍼맨이 되어 데이터 과학에 기반한 혁신을 일으켜주길 원한다. 그 혁신이란 단순하다. 회사의 성장이다. 회사의 성장은 단편적으로 보면 매출의 상승을 의미한다.

그렇다면 분석을 좀 더 세련되게 하고 예측을 잘 하면 될까? 양궁에서 과녁에 화살을 맞추기 위해서 활시위를 더 세게 당기기만 하면 되는 게 아니다. 조준을 잘해야 한다. 그런데 기업에서 데이터 과학자가 하는 일에는 조준이 생략된 듯하다. 그저 더욱더 세게 당기기만 한다. 활시위를 당기기에 앞서 조준해야 한다. 정말로 해야 할 것은 비즈니스에 대한 이해다. 고객의 니즈와 원츠를 염두에 두고 분석해야 한다. 하지만 기획 단계에서부터 이런 적극적인 고민을 해본 적이 없어 어려운 것이다. 회사 체계 자체에서는 이를 할 수 있는 여건조차 마련되지 않은 경우가 많다.

대기업 같은 경우 각 부서마다 정해진 일이 있다. 그래서 더욱 해당 업무만을 할 수밖에 없다. 가령 사용자의 로그 데이터를 분석하는 부서라면 관련 데이터를 정직하게 분석한다. 그 데이터 분석의 결과를 정리하고 그 결과를 다른 부서에 전달한다. 그걸로 끝이다. 해당 결과가 전체적인 비즈니스 모델에 어떤 역할을 할지 생각하지 않는다. 그것까진 책임이 없다. 또한 생각한다고 하더라도 타 부서 일의 경계를 침범하는 셈이 되어버린다. 각자가 담당하는 부분에만 초점이 맞춰져 있는 것이다. 기획자는 기획만을, 분석가는 분석만을, 예측 모델 담당자는 예측 모델링만을 한다.

　데이터 과학자는 축구로 치면 만능 미드필더여야 한다. 공격도 하고 수비도 하고 보조도 할 수 있어야 하는 것이다. 한 가지만 죽어라 파고드는 건 연구 개발 시에는 좋다고 할 수 있다. 하지만 수익을 내야 하고 비즈니스를 일으키려면 체계를 넘어서야 한다. 규격화된 회사 시스템에 적응해선 안 되는 것이다.

매출에 대한 열쇠는
데이터 과학자의 손에!

　　　　　　　　　　　　　　　　2021년 현재, 데이터 과학자가 처한 현실은 제대로 된 교육과정이 부재한다는 점이다.

또한 실무에선 정제되지 않은 데이터를 처리하느라 정신없이 바쁘다. 그리고 기업마다 각자가 담당하는 파트가 있어 맡은 분야에만 골몰할 수밖에 없는 환경이다. 그러니 데이터 과학자가 당장 매출을 일으키는 일은 현재로서는 요원한 일이다.

그러나 회사나 비즈니스 측면에서 매출에 기여할 수 있는 역량을 지닌 사람을 기대한다면 데이터 과학자의 자리를 대신할 수 있는 사람 역시 현재로서는 없다고 분명히 말할 수 있다. 그렇다면 매출을 상승시켜주는 데이터 과학자는 어떤 역량을 지녀야 할까?

우선 자신이 하는 분야를 넘어서 숲 전체를 볼 줄 알아야 한다. 그러기 위해 데이터 과학자는 자신의 분석이 비즈니스에 어떤 역할을 할지 알아야 한다. 큰 그림을 보는 것이다. 당장의 데이터 처리에 급급해하지 말고 문제를 명확하게 인식하는 일이 필요하다. 해당 데이터가 어떻게 문제를 해결할 수 있을지를 숙고하고 데이터 분석과 비즈니스 모델과의 연결고리를 파악해야 한다. 거시적 안목으로 해당 분석이 가져올 이익을 파악할 줄 알아야 한다.

둘째로, 고객을 이해하고 이를 데이터와 연결 지어 생각할 수 있어야 한다. 이제는 개인화 시대에 들어섰다. 제품보단 고객이 우선이고, 각자 개인과의 연결이 중요한 시대다. 고객을 명확하게 이해해야 한다. 고객 데이터를 분석하고 그들을 명확하게 타기팅해야 하며, 타기팅한 고객의 니즈를 파악해야 한다.

    이를 위해서는 이와 직결된 데이터를 단련된 솜씨로 능숙하고 빠르게 수집하고 정제해야 한다. 내가 하는 분석이 고객의 어떤 니즈를 해결해줄 수 있을지 항상 염두에 두고 진행하는 것이다. 이러한 노력이 더해졌을 때 데이터 과학자는 빛을 발한다. 데이터를 통한 분석이 사업과 어떻게 직결되고 나아가 매출과 연결되는지를 알기 때문이다.

AI 기술, 어디까지 와 있고
어떻게 활용될까

AI가 62.4% 인구의
직업을 대체한다?

　　　　　　　　　　　　　　　　AI는 말 그대로 인공지능이기에 사람의 지능과 관련되어 있다. 인공지능이 어떻게 활용되는지 알기 위해선 사람의 지능과 관련된 영역을 살펴보면 된다.

　흔히들 상황이나 상태를 인지하고 판단하는 인지능력이 지능에 중요한 요소라고 한다. 인지(Cognition)란 지각(Perception), 기억(Memory), 사고(Thinking)로 구성된 사람의 정신적 활동을 의미한다. 인지능력이 있기에 사람은 보고, 듣고, 읽고, 쓸 수 있다. 이 4가지는 서비스산업에 주로 쓰이는 능력이라고 한다. 서비스산업은 2019년 국내 GDP중 62.4%를 차지하고 있다. 보고, 듣고, 읽고, 쓰고, 지식을 통합하는 영역에서 AI가 더 뛰어나다면 62.4% 인구의 직업을 대체할지도 모른다.

그렇다면 각 영역에서 AI는 어떻게 활용되고 있고 그 위상은 어떨까? 최근에 각광받는 기술인 딥러닝을 위주로 이를 알아보자.

탐지해서 인지한다:
보는 AI

우선 보는 영역에서의 AI는 어떻게 활용될까? 사람의 시각, 즉 영상과 관련된 이 분야를 컴퓨터 비전(Computer Vision)이라고 한다. 컴퓨터 비전의 대표적인 기술은 분류(Classification)와 탐지(Detection)다.

고양이를 보고 고양이라고 인지하고, 개를 보고 개라고 인지하는 것. 이것이 영상에서의 분류다. 이미지넷(ImageNet)이란 데이터 세트가 있다. 해당 데이터 세트는 1,000만 장 이상의 이미지 데이터 세트로 구성되어 있다. 각 이미지는 풍선, 딸기, 자전거, 사과 등 1,000개의 카테고리에 속한다. AI는 사진을 보고 이를 분류하는 과제에서 2015년도에 이미 사람의 보는 능력을 앞질렀다. 최근 AI의 오차는 1.2%, 사람의 오차는 5.1%로 매년 격차가 벌어지고 있다.

탐지는 해당 영상 내에서 사물을 찾아내는 것이다. 다음 도표

○ **컴퓨터 비전에서의 과제**

에서 보듯이 고양이와 강아지가 같이 있는 이미지에서 각 동물의 위치를 알아낸다. 이는 실생활에서도 많이 쓰인다. '뷰티플러스(BeautyPlus)'라는 사진 보정 앱이 있다. 사람 사진을 넣으면 헤어스타일을 바꿀 수도 있고 눈, 코, 입을 변화시킬 수도 있다. 어떻게 이게 가능할까? 전체 사진 내에서 사람의 얼굴이 위치한 부분을 찾았기에 헤어스타일을 변화시켜줄 수 있다. 눈과 코와 입도 위치를 찾아내고 각각 눈, 코, 입이라고 인지했기에 변형시킬 수 있다. 이때 각 객체의 위치를 찾는, 탐지와 관련한 AI 기술이 들어간다.

자율주행에도 탐지가 쓰인다. 차에 달린 카메라로 신호를 인식하고 파란불이면 계속 나아가고 빨간불이면 멈춘다. 또 앞에 사물이 있으면 이를 인지하고 대처할 수 있어야 한다. 특히나 주행 중에 사람이 있다면 사람이라고 인지할 수 있어야 멈추거나 피할 수 있다. 그렇기에 자율주행에서 탐지 기술은 핵심이다.

최근 1~2년 동안 코로나19로 사람의 온도를 체크하기 위한 인식 시스템이 많이 쓰이고 있다. 온도를 체크하기 위해선 옷을 제외한 부분을 탐지할 수 있어야 한다. 여기서 사람의 얼굴 부분을 네모난 박스로 인지하는 기술도 AI 기반 탐지 기술이다.

물음에 언제나 답해준다: 듣는 AI

아이폰 유저에게 인공지능 비서 '시리'는 친숙하다. 친구와 대화 도중 부르지도 않았는데 "부르셨나요?" 할 때도 있고, 말을 잘못 알아들을 때도 있다. 꽤 센스 있는 답변을 하기도 하는데, 시리에게 "야옹"이라고 하면 시리는 "고양아, 이리 온" 혹은 "착한 고양이네요"라고 대답한다.

시리뿐만 아니라 갤럭시 유저라면 빅스비가 있겠고, 스마트 스피커로는 구글 홈, 네이버 클로바, 카카오미니, SK 누구(NUGU), LG 엑스붐 AI 씽큐 등이 있다. 음성으로 날씨를 물어보거나, 통화나 메시지를 요청할 수도 있다.

음성으로 말하면 해당 음성이 클라우드 서버에 전송되고 각 회사가 보유한 AI에 디지털 신호로 입력된다. 그러면 AI는 학습한 데이터를 토대로 적절한 메시지를 음성으로 출력해내는 원리다.

키보드, 마우스 등을 입력 장치라고 한다. 입력 장치를 통해 컴퓨터는 사람의 메시지를 받아들인다. 그런데 이 입력 장치도 날이 갈수록 진화하고 있다. 대표적인 예가 터치스크린인데, 이 기능은 키보드나 마우스를 보조하여 기기 사용을 더 편리하게 만들어줬다. 스마트폰이 등장하며 사용자들은 터치스크린에도 익숙해졌다.

이제는 음성인식 기술이 발전됨에 따라 목소리가 나머지들을 보완해준다. 웹 서핑을 할 경우, 기존 컴퓨터로는 키보드와 마우스만으로, 스마트폰으로는 손가락만으로 이를 했었다. 이제 중간중간에 음성이 더해져서 "근처 카페 중 네이버 평점 순위가 가장 높은 곳을 추천해줘"라고 말하고, 그 결과를 확인해볼 수 있게 됐다.

음성인식 기술이 고도화된다면 어떻게 될까? 꼭 실내에 앉아 있지 않아도 일을 할 수 있다. 간단한 업무의 경우 외부에서 걸어 다닐 때도, 누워서도, 자율주행 차 안에서도 음성으로 처리할 수 있을 것이다.

과속 차량도 잡는다: 읽는 AI

책을 읽는 것만을 '읽는다'라고 표현하지 않는다. 텍스트를 보고 어떤 의미인지 인지하는 활동을 읽기라고 한다. 책 이외에도 사람은 '읽기' 활동을 할 수밖에 없는 환경에 둘러싸여 있다.

주변을 둘러봐도 텍스트투성이다. 길을 가다가 표지판을 본다. 어떤 의미인지 인지하는 읽는 과정이 들어간다. 스마트폰에서 SNS 채팅을 한다. 친구가 보낸 메시지를 확인하고 어떤 의미인지 읽고 답장을 한다. 이렇게 우리는 하루 종일 읽기를 한다. AI에게 읽는다는 건 무슨 의미일까?

텍스트를 읽는 것도 텍스트를 보는 과정이 선행되어야 한다. 읽는 AI에 쓰인 기술은 앞서 살펴본 '보는 AI'에 쓰였던 기술과 유사하다. 사람의 얼굴을 인식하는 것처럼 텍스트를 보고 인식한다. 가령 '1'이란 숫자는 우리 눈엔 숫자이기 전에 막대기처럼 보이는 무언가다. 읽는 AI는 막대기 이미지를 보고 이를 숫자인 1로 해석한다. 실제로 읽는 분야에서 AI는 어떻게 쓰이고 있을까?

요즘엔 서류 절차가 수월해졌다. 예전에는 주민등록증 사본을 꼭 제출해야 했는데 이젠 주민등록증을 촬영하기만 하면 된다. 촬영하면 이름과 발급 일자, 발급 기관이 자동으로 작성되어 넘어간다. 이 과정에 읽는 AI가 사용된다. 또 과속 단속을 위해서 텍스트를 읽는 기술이 사용된다. CCTV는 빠르게 지나가는 차량의 번호판을 촬영한다. AI는 촬영된 이미지를 보고 이를 읽는다. 텍스트를 인지하고 차량의 정보를 확인하는 것이다. 필기체 인식에도 쓰인다. 사람이 휘갈겨 쓴 숫자를 이제는 AI가 더 정확하게 판단한다. 가령, 3인지 8인지 헷갈리는 숫자도 빅데이터에 기반해 올바르게 판단할 수 있다.

이제 문학작품도 집필한다: 쓰는 AI

사람은 시나 소설, 비문학 등의 글을 쓴다. 창작하는 과정이다. 이는 인간만이 할 수 있을까? 그렇지 않다. 창작도 이제 인간만의 전유물이 아니다. AI 스타트기업 '포자랩스'는 인공지능이 쓴 로맨스 소설 《설명하려 하지 않겠어》로 KT와 한국콘텐츠진흥원이 총 상금 1억 원을 내걸고 국내 처음으로 개최한 'KT 인공지능소설공모전'에서 최우수상을 수상했다.

그런가 하면 주인공이 인공지능인 1인칭 소설 《컴퓨터가 소설을 쓰는 날》이 있는데, 이 소설은 놀랍게도 인공지능이 쓴 것이다(황형규·이지용, "소설도 쓰는 인공지능… 문학상 1차 심사 통과", 〈매일경제〉, 2016. 3. 22.).

> 나는 처음으로 경험한 즐거움에 몸부림치면서, 몰두해 글을 써 나갔다. 컴퓨터가 소설을 쓴 날. 컴퓨터는 스스로의 즐거움을 우선 추구하느라, 인간이 맡긴 일을 멈췄다.

이 소설은 일본의 신문사 혼게이자이에서 주최한 호시신이치 공상과학(SF) 문학상의 공모전에서 1차 심사를 통과했다. 당시 심사위원들조차 인공지능이 소설을 쓴 줄 몰랐다고 한다.

이 외에도 오픈AI(OpenAI)라는 비영리단체에서 개발한 GPT-3(Generative Pre-trained Transformer)가 유명하다. 이 인공지능 모델의 경우 1,750억 개나 되는 파라미터(변수)를 가진다고 한다. 이 모델이 나오기까지는 많은 데이터가 필요했다. 3,000억 개로 구성된 데이터 세트로 사전 학습을 하는 절차를 거친 것이다. 그 결과 자연어 처리 부분에서 최첨단 성능을 달성했다. 단 몇 개 키워드만 넣으면 작문을 해준다.

이렇듯 AI는 다양한 영역에서 활용되고 있으며, 위 영역이 혼합된 인공지능 비서로도 활용될 수 있다.

비즈니스에 적용할 수 있는
데이터 분석 프로세스

　데이터 분석은 어떤 문제나 현상에 대해 인과관계를 밝히기 위해 쓰이며, 의사결정 과정을 도와줄 수도 있다. 정확한 데이터 분석은 현재를 진단하거나 아직 도래하지 않은 사건을 예측하는 것을 도와주는 역할을 충분히 한다. 그렇기에 비즈니스를 하는 사람은 물론이고 마케팅에 이를 활용하고자 하는 사람에게도 이 절차는 필수다.

　이때 분석 과정 중 예측 분석은 AI가 적용되기도 하는 중요한 과정이다. 우리는 AI가 강력한 무기란 사실을 알고 이를 활용할 수 있다. 하지만 어디에 어떻게 사용하는지를 모르면 AI를 사용하기 쉽지 않은 것이 사실이다. AI란 도구를 무턱대고 사용하기보다는, 데이터 분석 과정이 먼저 필요하다. 분석을 통해 데이터를 활용할 방안을 보다 심층적으로 탐구해야 한다. 그렇기에 데이터 분석 과정은 핵심적이다.

일반적으로 데이터 분석 프로세스는 크게 4가지로 이루어진다. 문제 이해, 데이터 획득 및 전처리, 데이터 분석(EDA, 현황 및 예측 분석), 분석 결과가 그것이다.

데이터 분석 1단계:
문제 이해

문제 이해는 기본적이지만 가장 중요한 과정이라고 할 수 있다. 문제 이해의 기본은 고객의 요구사항을 파악하고 명확하게 문제를 정의하는 것에서 출발한다. 그리고 문제를 정의했다면 이를 바탕으로 어떤 질문에 대답할 수 있을지가 분명해야 한다.

이 단계가 제대로 되지 않을 경우 뒤의 단계가 아무리 잘 이루어져도 헛수고다. 배를 항해할 때 속도가 아무리 빨라도 방향이 반대 방향이면 원하는 목적지에 도착할 수 없는 것과 같다. 문제를 명확하게 정의했다면, 어떤 데이터를 바탕으로 어떤 분석이 필요한지 알 수 있게 된다.

가령 고객이 스터디 카페 사업을 하길 원하고, 어떤 장소가 최적인지 알기를 원한다. 그렇다면 어떤 장소가 가장 이익을 극대

화해주는지를 찾는 것이 가장 중요한 문제가 된다. 이 경우 문제와 해결책이 명확하다.

문제 이해에서 또 하나 필수적인 과정은 데이터에 대한 이해와 통찰이다. 해당 문제를 해결하기 위해 필요한 데이터는 무엇인지 명확하게 정의해야 한다. 그리고 해당 데이터를 과연 '얻을 수 있는지', 얻을 수 있다면 '어디서' 얻을 수 있는지도 알아야 한다. 왜냐하면 요구 사항과 문제를 잘 정의했다고 해도, 이를 뒷받침할 데이터가 존재하지 않거나 획득할 수 없는 경우가 있기 때문이다. 데이터가 없을 경우 다시 처음으로 돌아와 문제를 재정의해야 할 수도 있다.

내가 서울시 빅데이터 캠퍼스에서 열리는 데이터 분석 대회에 참석할 때였다. 주제를 자율적으로 선정하고 분석을 진행해야 하는데, 주제 선정하는 것부터가 쉽지 않았다. 당시 데이터 분석의 주제는 공익 차원에서 서울시에 도움이 되는 것이어야 했다. '어린이 교통사고 보호 구역 선정'으로 주제를 잡고 분석을 진행해 최우수상을 수상했지만, 최종 주제를 선정하기까지에도 많은 우여곡절이 있었다. 어떤 주제가 공익에 적합할지를 고민하다가 데이터 문제 때문에 관련 주제를 포기하는 등의 경험을 했다.

처음에 잡은 주제는 어린이 교통사고 분석이 아니었다. 개인적으로 나는 비흡연자로서 도처에서 발생하는 간접흡연을 사회의 이슈로 보았다. 그래서 금연 구역 분석을 하고, 금연 구역이 부족하다는 문제점을 지적해 금연 구역을 늘리자는 취지였다. 그렇지만 2가지 문제점이 있었다.

우선, 실제 금연 구역은 금연 구역이 아니었다. 많은 사람들이 금연 구역인데도 불구하고 흡연을 했다. 실제로 주변 흡연자들을 대상으로 설문조사를 한 결과 금연 구역과 흡연 구역이 따로 있어도 담배는 그냥 아무 데서나 핀다는 의견이 과반수였다. 금연 구역이 사람들이 담배를 피지 않는 장소라는 가정 자체가 틀린 것이었다.

둘째, 금연 구역이 부족하다는 사실을 보여줄 데이터가 마땅치 않았다. 금연 구역에 관련한 데이터가 없었던 것이다. 그래서 반대로 흡연 구역을 확대하는 방식으로 가기로 눈을 돌렸다. 흡연 구역에서 흡연을 한다면 간접흡연에 의해 피해를 보는 사람이 줄어들 것으로 예상했다. 하지만 데이터를 얻기 위해 각 지자체에 문의한 결과, 흡연 구역을 따로 관리하지 않는다는 대답이 과반수 이상이었다. 그래서 이 분석은 추후 과제로 남겨둔 채 다른 주제를 찾을 수밖에 없었다.

데이터에 대한 고려를 놓치게 되면 이런 일이 발생할 수 있다. 그렇기에 전반적인 데이터에 대한 이해를 포함한 문제 이해 단계가 매우 중요하다. 첫 단계부터 데이터 수집까지 고려하고 주제를 선정하는 게 바람직하지만 그렇지 못할 경우도 많다.

그럴 경우엔 빠르게 문제 이해 단계로 다시 돌아가는 것도 방법이다.

데이터 분석 2단계: 데이터 획득 및 전처리

두 번째 단계는 데이터를 수집하고 정제하는 단계다. 가령 카페의 매출을 분석한다고 하자. 필요한 데이터는 매출 데이터와 자제비, 임금, 인근의 주거 인구, 주변의 아파트 시세, 유동 인구 데이터, SNS의 리뷰 데이터 등이 있을 수 있다. 여기서 아파트 시세와 같은 데이터는 공공 데이터를 수집해서 활용하면 된다.

네이버, 인스타그램 등의 SNS 데이터는 웹 크롤링이 필요하다. 크롤링은 본래 무수히 많은 컴퓨터에 나누어 저장되어 있는 문서를 수집해 검색 대상의 색인으로 포함시키는 기술을 말한다. 보통 웹페이지의 내용을 그대로 복제한 뒤 필요한 데이터를 추출하는 행위를 일컬으며 웹(Web) 크롤링, 스크래핑(Scraping)이라고도 한다. 크롤링을 하는 프로그램은 크롤러(Crawler) 또는 스파이더(Spider)라고 한다.

처음에는 수집하는 게 쉽지 않지만, 한 번 프로세스를 제대로 구축해놓으면 이후에는 자동으로 수집이 가능하다. 혹은 회사 내부적으로 로그 데이터(서버에서 이루어지는 모든 작업에 대한 정보를 담고 있는 데이터) 등이 쌓여 있는 경우 이 과정을 건너뛸 수도 있다.

다음으로는 수집한 데이터를 정제하고 변환하는 작업이다. 흔히들 이 작업을 추출(Extract), 변환(Transform), 적재(Load)의 첫 글자를 딴 ETL이라고 한다. 데이터들은 출처도 다양한 만큼 형태도 다양해서 하나의 기준에 따라 나누기가 힘들다. 그렇기에 데이터를 일정 규칙에 따라 저장할 수 있는 데이터 저장소인 데이터 베이스를 설계한다.

가령 시간별로 매출 데이터를 분석하고자 하면, 관련 데이터를 시간에 따라 정리하는 작업이 필요하다. 또 시간에 따른 리뷰 데이터는 문자 형태의 텍스트 데이터다. 반면 유동 인구의 경우 숫자 데이터로 서로 형태가 달라, 필요에 따라 텍스트를 숫자 형식으로 변환하는 작업이 필요하다. 그리고는 데이터베이스에 이를 차곡차곡 적재하는 것이다.

데이터 분석 3단계:
EDA, 현황 분석, 예측 분석

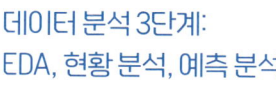 문제 이해와 데이터 획득 및 전처리를 거쳐 본격적으로 데이터 분석을 할 수 있다. 데이

터 분석은 탐색적 분석을 의미하는 EDA와 이후 현황과 예측을 분석하는 단계로 이루어진다.

EDA

EDA란 데이터의 분포가 어떤 모양을 띠는지 보고 다른 데이터와 조합해서 보기도 하는 등 데이터를 다양한 각도에서 분석하는 것을 의미한다. 식물을 관찰할 때 돋보기로도 보고, 현미경으로도 보고 냄새도 맡고 촉감을 느끼듯이 말이다. 이 과정에서 새로운 인사이트를 발견할 수도 있다. BMI(체질량지수)가 EDA 과정에 몸무게와 키를 조합해 새로운 데이터를 만든 예라고 할 수 있겠다.

데이터의 분포를 들여다보면 추가적인 전처리를 해야 할 때가 있다. 분포에서 특정 값이 없거나(결측치) 너무 튀는 값(이상치)이 나오는 경우다. 가령 평균 매출이 100만 원인데, 첫 달의 경우 신규 고객들이 유치되어 2,000만 원의 매출을 올렸다고 하자. 이 경우 첫 달의 매출은 이상치로 데이터 분포를 고르지 못하게 만드는, 적절한 분석에 방해가 되는 요소다. 이는 다른 값으로 대체하거나 없애주는 게 좋다. 혹은 특정 달엔 매출이 기록되지 않았다면 이를 적정값으로 유추해 채워주거나 없애는 것이다. 하나의 데이터로 인해 분석 결과나 예측값이 터무니 없어질 수도 있다. 그렇기에 결측치, 이상치 처리 작업은 중요하다.

현황·진단 분석

과거나 현재 데이터를 보고 현재 어떤 상황인지 분석하는 것을 현황 분석이라고 한다. 더 나아가 문제점을 진단할 수 있는 경우 진단 분석이라고도 한다. 이때 쓰이는 분석은 간단한 통계 분석에서부터 시작해 머신러닝 기법을 이용한 군집 분석 방법 등이 쓰인다.

예를 들어 현황 분석을 통해 현재 교통사고가 과거에 비해 많이 발생했다는 사실을 알게 되었다. 그리고 데이터 분석을 통해 문제와 상관관계가 높은 요인을 차량 소유자의 증가, 교통체증의 증가 등으로 진단할 수 있다. 이를 통해 교통사고에 영향을 미치는 요인, 인과관계가 높은 요인을 찾고 해결책을 모색하는 것이다.

예측 분석

예측 분석의 경우 현황 분석, 진단 분석에서 한 발 더 나아간다. 과거나 현재 데이터를 바탕으로 앞으로 다가올 미래를 예측하는 것이다. 가령 과거나 현재 매출과 관련된 데이터를 안다고 할 경우, 한 달 후나 1년 뒤 매출을 추정할 수 있다. 이는 현재 매출이 어느 정도고 어떤 문제가 있는지를 진단하는 것에서 한 단계 더 나아간 것이다. 이때 주로 머신러닝과 딥러닝을 비롯한 인공지능이 쓰인다. 보통 현황 분석과 진단 분석을 주로 하는 사람은 데이터 분석가, AI를 이용한 예측 분석까지 하는 사람을 데이터 과학자라 구분 짓기도 한다.

데이터 분석 4단계: 분석 결과

데이터 분석 이후의 과정은 분석한 결과를 이용하는 과정이다. 결과물이 데이터 분석 그 자체라면 이를 토대로 고객을 설득하는 과정이 포함되겠다. 이를 위해 상대가 이해하기 쉽게 데이터를 다양한 방식으로 시각화하고 리포트를 작성한다. 혹은 결과물이 예측을 위한 인공지능 모델이라면 이를 실제로 적용하기 위한 작업이 포함된다.

제대로 된 분석이라면 이 단계에서 'So what'에 대한 답이 가능해야 한다. 분석한 결과를 통해 문제를 정확히 진단하거나, 해결책과 관련된 인사이트를 제안하는 것이다. 혹은 예측 모델을 통해 기존 대비 성능을 향상시킨다든지 개선된 점을 보여줘야 한다.

이 4가지 분석 프로세스를 이용하면 데이터 분석을 통해 문제나 현상에 대한 인과관계를 파악할 수 있다. 이를 통해 데이터에 대한 이해를 넓힐 수 있고, 데이터에 대한 이해가 증가하면 활용 방안에 대한 아이디어도 샘솟게 된다. 따라서 데이터에 기반해

AI를 활용할 만반의 준비를 갖추게 된다. AI를 이용하면 아직 도래하지 않은 사건에 대해서도 AI 예측 모델을 만들 수 있고, 군집 분석 등을 통해 문제를 색다른 시각으로 바라볼 수도 있다. 데이터에 대한 이해만 깊다면, 데이터의 종류에 따라 AI를 활용할 수 있는 방안은 무궁무진하다.

데이터 분석 프로세스

비즈니스 이해
요구 사항 파악
문제 정의
입지 분석
트렌드 분석
상권 분석
...
필요 데이터 정의
데이터 획득 및 전처리
데이터 수집
웹 크롤링
공공 데이터
소셜 데이터
고객 데이터
자체 데이터
데이터 정제 및 변환
적재
데이터 베이스
추출
데이터 분석
EDA
현황 분석
통계 분석
기술통계 분석
상관 분석
회귀 분석
분산 분석
버즈 분석
단어 빈도 분석
토픽 모델링
키워드 추출
감성 분석
비지도 학습
계층적 군집 분석
비계층적 군집 분석
T-SNE
PCA
예측 분석
머신러닝 알고리즘 선택
회귀 / 분류
선형회귀 모델
의사결정나무 기반 모델
신경망 모델(MLP, CNN, RNN)
앙상블 모델(배깅/부스팅)
피처 엔지니어링
모델 학습 및 평가
모델 배포
분석 결과
EDA
결과 해석
리포트 작성

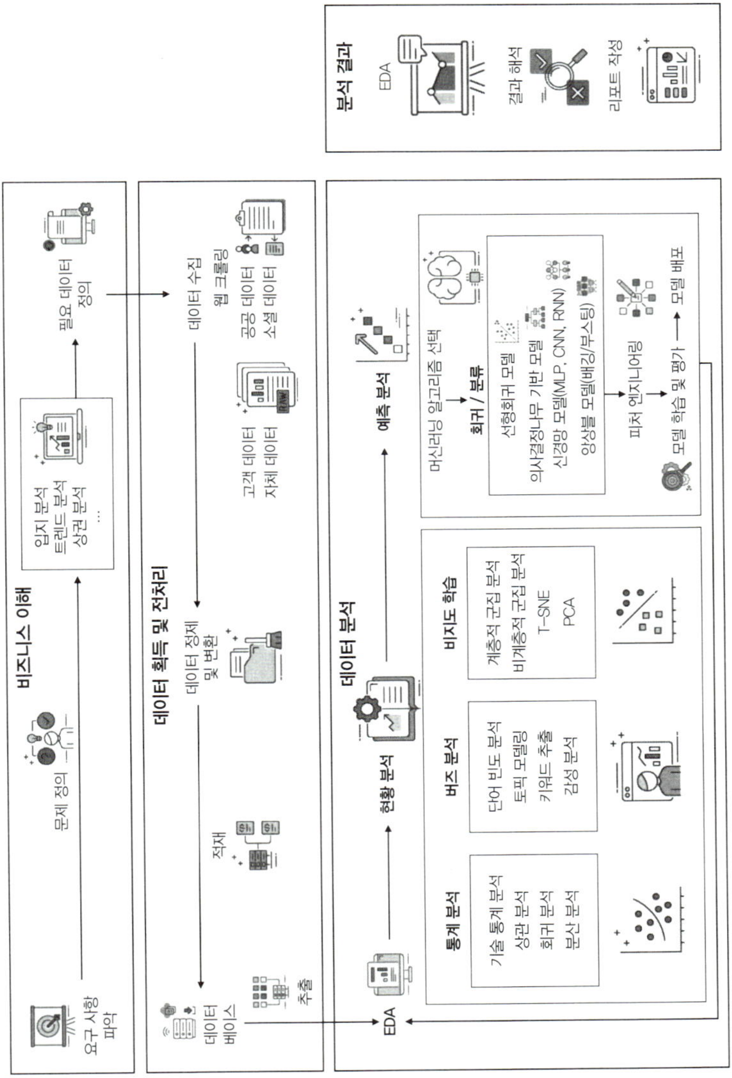

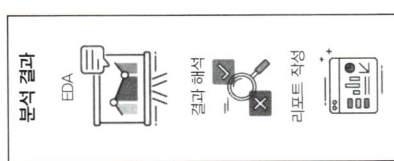

우수한 데이터
사이언티스트를 꿈꾸다면

우수한 데이터 과학자가 갖추고 있는 4가지

우수한 데이터 과학자는 다방면의 영역에서 역량을 갖추고 있어야 한다. 흔히 크게 4가지 영역에서 역량을 갖춘 자를 선호한다.

수리 통계적 역량

우선 수학, 통계, 머신러닝 및 딥러닝에 관련한 지식이 있다. 데이터를 이용해 분석하는 도구들에 대한 이해. 통계적 분석 기법을 이용하는 방법이라든지 머신러닝이나 딥러닝을 이용할 줄 알아야 한다. 각 알고리즘별로 특징을 잘 파악해 어떤 데이터의 경우 어떤 알고리즘을 쓸지 문제에 대한 방법을 설계할 수 있어야 한다.

프로그래밍 능력

데이터 과학자가 하는 일은 데이터를 다루는 일이다. 수많은 데이터에서 패턴을 찾고 규칙을 찾아내야 하는데 다양한 데이터의 형태를 변형시키거나 정형화시켜야 한다. 이를 전처리라고 한다.

전처리는 앞서 설명한 알고리즘에 적용하기 위해서는 필수다. 데이터가 클수록 이런 작업은 예외도 많고 고되다. 그렇기에 컴퓨터를 이용해 작업할 수밖에 없다. 엑셀과 같은 툴을 사용하는 것도 좋지만 한계가 있다. 결국엔 프로그래밍 언어, 코드를 다룰 줄 알아야 한다.

커뮤니케이션 능력

데이터 분석 결과를 사람들에게 설명하는 것은 중요하다. 이 능력이 부족할 경우 아무리 쓸모 있는 데이터 분석을 해도 빛 좋은 개살구가 될 수 있다. 허울만 좋은 데이터 분석 결과로 남을 수도 있다는 것이다. 반면 커뮤니케이션 능력이 뛰어나면 데이터 분석 결과를 효과적으로 전달할 수 있다. 이 경우 기업을 변화시킬 의사결정에 큰 도움을 줄 데이터로 쓰일 수도 있다.

이는 데이터 과학자의 역량에 달려 있다. 하지만 대부분의 데이터 과학자에게 의사 결정권은 주어지지 않는다. 의사 결정권은 경영진들이 갖고 있기 때문에 이들을 설득하는 일이 중요하다. 그러기 위해선 기술과 관련한 어려운 용어를 가급적 쉽게 풀어 설명할 수 있어야 한다. 그들이 이해할 수 있는 용어로 설명해야 서로 이해가 가능하고 이해를 넘어 설득도 가능하다.

도메인 지식

데이터에 대한 안목은 중요하다. 같은 데이터를 보고도 사람들마다 통찰하는 바가 다르다. 예를 들어 심리 상담과 관련한 데이터가 있다. 사람의 표정이나 상담 내용을 토대로 심리 수준을 예측한다고 하자. 그럴 경우 임상심리학이나 일반심리학에 대한 지식이 있으면 보다 수월하다. 이를 해당 분야의 도메인 지식이라고 한다.

도메인 지식이 있는 데이터 과학자의 경우 해당 데이터를 좀 더 통찰력 있게 관찰할 수 있다. 그렇기에 문제해결력도 더 뛰어날 가능성이 높다. 주가를 예측하는 경우 퀀트(Qyant, 수학·통계 기반으로 투자모델 설계 및 금융시장의 변화를 예측하는 사람들)처럼 금융공학에 대한 지식이 있으면 훨씬 더 유리하다.

데이터의 도메인 분야는 많다. 의학, 금융, 심리, 인구, 법학, 건축 등 각 분야마다 데이터가 다르다. 그렇기에 분야마다 필요로 하는 도메인 지식이 다르다.

지금까지 이야기한 4가지가 우수한 데이터 과학자의 필수 역량이다. 이것 외에 다음 몇 가지 자질에 대해서도 덧붙이고 싶다.

새로운 기술에 대한 습득, 호기심

데이터 과학자는 새로운 기술에 관심이나 호기심이 많고 빠르게 습득할 수 있어야 한다. 데이터 분야의 기술은 급격하게 발전하고 있다. 자고 일어나면 새로운 논문이 발표되고, 이전에 알고 있던 기술은 구닥다리 기술이 된다. 그렇기에 신기술에 대해 항상 열린 자세로 대처해야 한다.

무턱대고 새로운 기술을 도입할 수는 없다. 그렇기에 기술을 빠르게 이해해 검토하고 해당 기술을 이용할지 점검할 수 있어야 한다.

빠른 실행력,
강한 추진력

　데이터에 새로운 패턴이나 규칙을 발견했다고 하자. 간단한 테스트를 통해 새로운 프로세스에 대해 검증하는 것이 필요하다. 이를 파일럿 테스트라고 한다. 파일럿 테스트를 통해 프로세스에 도입하면 속도나 효율이 개선된다고 판명됐다고 하자. 그러면 전방위적으로 이를 도입하기 위해 실행력을 앞세우고 나아가야 한다. 해당 부서에서부터 경영진까지 전사적으로 설득하고 추진해나가야 하는 것이다.

　빠르게 실행하지 못하면 해당 이슈는 금방 시들해진다. 데이터로 효과가 증명이 되었는데도 말이다. 하면 좋은 것이고 안 해도 그만인 경우에는 더욱더 그렇다. 이럴 때일수록 과감하게 밀어붙여야 한다. 그래야 변화하고 발전할 수 있다.

변화에 대한
수용력

　데이터를 분석하는 과정이 처음 목표와 달라지는 경우가 많다. 특정 데이터가 유실되거나 정보가 부족한 경우가 있다. 또는 예상한 것과 다르게 특정 데이터 취득이 어려운 경우도 있다. 논문 분석을 통해 해당 기술을 이용하기로 했다고 하자. 그런데 그 기술의 성능이 논문만큼 재현되지 않을 때도 있다. 그럴 경우 다시 계획을 전면 수정해야 한다. 이렇듯 분석 과정에서 예기치 못한 문제들이 많이 발생하는 게 현업이다.

데이터 과학자는 이런 상황이 발생할 때마다 계획을 유동적으로 변경하고 이에 대응할 수 있어야 한다. 계획이 틀어지는 것에 대해 스트레스를 많이 받는다면 데이터 과학자에 적합하지 않다.

비즈니스에 대한 이해

비즈니스에 대한 이해는 'So what'에 대해 답을 할 수 있어야 하는 것과 유사한 맥락이다. 데이터를 분석하고 화려하게 시각화를 했다고 하자. 그다음이 문제다. 그걸로 무엇을 할 것인지, 실제 산업에 적용시키려면 어떻게 해야 할지 끊임없이 자문해봐야 한다.

이는 어떤 값을 예측해야 할지 문제를 정의하는 데에서부터 시작한다. 그리고 이 부분은 비즈니스에 대한 이해 없인 어렵다.

3장

비즈니스를 성공으로 연결하는 데이터 사이언티스트의 무기

타깃이 정확한
기술주도형 AI를 활용하라

**기술이 발전할 때의 2가지 관점,
기술 주도와 수요 견인**

기술 혁신 및 발전 과정에는 기술 주도(Technolodgy Push)와 수요 견인(Market Pull)이라는 2가지 관점이 있다. 스티브 잡스의 매킨토시(Macintosh)는 기술 주도의 대표적인 예다. 매킨토시(Mac)는 애플이 디자인, 개발, 판매하는 개인용 컴퓨터로, 1984년 1월 24일 처음 출시되었다. 그래픽 사용자 인터페이스와 마우스를 채용해 상업적으로 성공한 최초의 개인용 컴퓨터였다.

스티브 잡스는 매킨토시와 관련한 기술을 기획해왔지만, 경영진들의 비난을 면치 못하였다. 고객들이 필요로 하지 않을 것이라는 비난이었다.

이 비난에 대해 스티브 잡스는 '벨 연구소에서 전화기를 만들 때 시장에서 이를 요구했는가?'라는 반문으로 답한다. 잡스의 말대로 시장과 사용자는 자신이 무엇을 원하는지 잘 모른다는 견해다. 이처럼 기술이 워낙 빠르게 발전하기에 시장을 주도하는 것을 기술 주도라고 한다.

수요 견인의 경우는 이와 반대로 작용한다. 먼저 시장에서 고객들이 인식하는 불만족한 사항들이 등장하기 시작한다. 이것이 새로운 아이디어가 되어 새로운 기술이나 제품의 개발로 연결된다. 제품이 정의되고 기술과 제품이 개발되는 것이다. 특정한 시장의 요구에 대한 부응이라는 목표를 이루기 위해 연구개발이 시작된다.

이처럼 시장에서 수요에 기반한 기술혁신이 출발한다는 측면에서 시장 견인 또는 수요 견인형 기술혁신이라고 한다. 사례로는 농심의 새우깡, 풀무원의 두부, 3M 등이 있다.

AI는 기술 주도형이다

AI는 기술 발전이 워낙 빠르기에 기술이 시장을 이끌어가는 기술 주도형에 가깝다. 이는 최근 기술들의 특징이기도 하다. 사람들은 VR(Virtual Reality, 가상현실)이나 AI 등의 기술을 직접 접해보지 못했기에 실제 기술이 어떤 게 가능한지 잘 모른다. 터치패드가 출시되기 전에 사용자는 이에 대한 니즈(Needs)가 없었다. 그게 가능한지 몰랐고, 접해보지 않았기에 얼마나 편리한지 알 수 없었기 때문이다.

마코토 고이케는 자동차용 임베디드(Embedded, 전자기기가 자동으로 기능하게 하는 내장형 칩) 시스템 디자이너였다. 일을 그만두고 부모님의 농장을 돕기 시작했는데, 농장일을 거들면서 새로운 사실을 알게 된다. 어머니가 농번기에 오이를 9가지 등급으로 분류하는 데 하루에 8시간을 소비한다는 사실이었다. 고이케는 딥러닝을 이용해 오이를 자동으로 분류하는 기술을 개발하기 시작했다. 이를 위해 오이 사진 7,000장을 3개월간 일일이 찍었다고 한다.

초기에는 오이의 해상도가 80×80픽셀로 낮아 분류 정확도도 낮았는데, 클라우드 서비스를 이용해 이를 해결했다. 클라우드 서비스를 이용하면 해당 서비스를 제공하는 회사의 고성능 컴퓨터를 원격으로 이용해 좀 더 고화질의 이미지를 학습할 수 있었다. 이를 바탕으로 기계학습을 진행해서 오이의 등급을 자동으로 분류할 수 있었다.

중요한 것은 고이케의 어머니는 오이를 자동으로 분류할 수 있는지 몰랐다는 점이다. 도구를 모르니 여전히 일일이 눈으로 분류하고 있었다. 이처럼 우리는 아직 AI가 실생활에서 어떤 부분의 문제를 해결해줄 수 있는지 모른다. 그러니 아직 수요가 견인할 수 없는 구조인 것이다. 그렇기에 AI의 경우 기술이 주도해야 한다.

그렇다면 기술을 이용해 어떤 서비스, 어떤 제품을 만들지만 고민하면 되는 것일까? 그렇지 않다. 기술이 주도하긴 하지만, 그보다 앞서 고민해야 할 것은 어떤 고객을 타깃팅할지 그리고 해당 고객과 어떤 관계를 구축해나갈 것인가에 대한 부분이다. 기술에 대한 고민은 그다음이다.

타깃이 되는
고객 설정이 우선이다

AI를 이용해 매출을 올리려 하는 대다수의 기업이 첫 번째로 하는 고민은 무엇일까? 바로 어떤 제품, 어떤 서비스를 만들까에 대한 고민이다. 특히 아무 데이터도 없는 기업, 혹은 기존 서비스에 AI를 활용해 개선할 여지가 없는 기업일수록 그렇다. 기존의 축적된 데이터를 이용해 서비스를 개선할 수 있는 여지가 없거나 기존 서비스가 AI를 도입하기 어려운 서비스다.

가령 영업 이익이 대부분인 사업체가 있다고 하자. 이 사업체는 다른 곳에서 생산된 식기 도구를 판매함으로써 수익을 올린다. 일반적으로 영업을 통해 판매하기 때문에 AI가 들어갈 틈은 비좁아 보인다. 무언가 새로운 시도를 할 수밖에 없는 상황인 것이다.

이런 상황에 놓이니 가지고 있는 기술에서부터 시작해서 어떤 서비스를 할 수 있을지 생각하는 것이 더 효율적이지 않을까 하는 생각이 들 수도 있다. 가령 가지고 있는 기술이 이미지 생성 기술이라고 하자. 그러면 이를 이용해 어떤 서비스를 만들고 무슨 제품을 만들 수 있을지 고민한다. 물론 이런 고민도 어느 정도 필요하지만 방향이 잘못됐다. 해당 기술을 가지고 어떤 고객과 어떤 관계를 맺을지를 먼저 정해야 한다. 제품보다 타깃 고객을 명확히 하는 것에서 출발해야 한다.

제품에 우선해서 실패한 사례를 얘기해볼까 한다. 코로나19로 인해 모두 집에 혼자 있는 시간이 늘어나면서 무료함을 달랠 만한 콘텐츠가 유행하기 시작했다. 관상 테스트, 자신과 유사한 동물상 찾기 테스트 등 여러 테스트가 유행했다. 심리테스트도 그중 하나였다. 또한 성격 검사로 유명한 MBTI 검사 테스트도 인기를 끌었다.

당시 나는 회사에서 70%는 업무를, 30%는 R&D를 할 수 있는 기회가 있었기에 R&D 과제를 고민하고 있었다. 고민을 하던 중 AI 이미지 합성 기술과 관련된 논문을 읽었고 이에 착안해 이를 현재 유행하는 성격 검사와 융합할 방법이 없을까 고민했다. 회사 사람들과 아이디어 회의를 몇 차례 거쳤다. 그렇게 나온 게 MBTI 성격 검사를 통해 이상형을 알려주는 서비스였다. 검사를 하면 자신의 성격과 궁합이 잘 맞는 이성의 얼굴을 AI 기술을 통해 합성해 보여주는 것이었다. 나와 같이 서비스를 개발하던 우리 팀은 선풍적인 인기를 끌 것이라고 낙관했다. 개발하는 사람 입장에서는 꽤 흥미로운 콘텐츠였고, 최신 유행하는 기술에 최근 트렌드인 MBTI도 들어갔으니 말이다.

그러나 개발 기간이 1개월뿐이라 최종 제품의 완성도는 상당히 떨어졌다. 또 너무 기술에만 초점을 맞춘 나머지 디테일함도 부족했다. 짧은 시기에 기술을 개발하느라 기획 단계에 참여할 겨를이 없는 탓도 있었지만 이 모든 것들이 조금씩 부족한 탓에 생각했던 것보다도 유저들의 반응은 그저 그랬다. 재밌다는 반응이 많았지만 거기서 더 나아가진 못했다.

기술만큼 중요한 것은 고객 설정

돌이켜보면 제품 실패의 원인은 명확한 타깃 고객을 선정하지 않은 이유가 컸던 것 같다. 당시에 유저들의 반응을 설문조사를 통해 수집했다. 유저들은 '이상형'이란 단어가 와닿지 않는다고 했다. 우리가 만든 이상형 찾기 서비스는 성격 검사를 한 다음 궁합이 잘 맞는 이성의 성격 유형이 나온다. 그런 다음 해당 성격 유형을 대표하는 연예인들의 얼굴을 합성한 이미지가 이상형으로 소개된다. 그런데 그때 나오는 이상형의 이미지를 받은 사용자들이 '이 얼굴이 왜 나의 이상형이지?'라는 의문을 떨쳐버릴 수 없었던 것이다.

사용자를 제대로 이해했다면 이런 일은 발생하지 않았을 것이다. 사용자를 좀 더 좁혀, 'MBTI에 흥미를 가지고 연애를 원하는 사람' 등으로 구체적으로 설정했다면 어땠을까? 그럴 경우 이상형이란 단어가 나오지 않았을 것이다. 연애를 원하는 사람에게 이상형이란 그저 희망 사항일 뿐이다. 그리고 이상형이란 외모에만 국한된 표현이 아니라 성격, 전체적인 분위기와 이미지를 포함하는 전반적인 것이다. 각자 원하는 이상형의 모습이 있듯이, 각자가 중요하게 여기는 이성의 중요한 '부분'이 있는 것이다.

만약 이런 것들을 총체적으로 염두에 두고, 각 개인이 원하는 이성상을 좀 더 반영할 수 있는 테스트 검사 항목을 추가해 넣는 등 제반 사항을 참고한 뒤에 합성한 이미지를 보여주었다면 사용자들에게 좀 더 나은 호응을 받을 수 있었을 것이다. 그러나 너무 빠른 시기에 기술을 개발해야 했기에 타깃을 구체적으로 설정하는 것에 집중하는 대신 기술에만 초점을 맞추었다.

AI는 분명 기술 주도형으로 기술혁신을 일으키는 것이다. 하지만 제품에 우선하라는 얘기는 아니다. 기술을 충분히 이해하되, 고객을 명확하게 선정하고 이해해야 한다. 그러지 못하면 시장의 반응은 냉담할 것이다. 타깃 고객을 명확히 하는 것만큼 중요한 것은 없다.

효과와 효율을
구분해서 추구하라

AI 도입은 쉽지 않은 과정이다

AI를 도입하면 빠르게 효과가 날까? 대개 그렇지 않다. 도입에 앞서 데이터 수집에 대한 체계를 짤 때부터 문제가 일어난다. 데이터를 어디서 수집하고 어떻게 모으며 어떤 방식으로 진행할 것인지 논의한다. 우여곡절 끝에 데이터를 수집했다고 치자. 그런 데이터를 적절히 수집한 뒤에도 해결해야 할 문제들이 많다. 타깃 고객을 명확하게 선정해야 하고, 어떤 기술을 이용해서 어떤 서비스를 만들지도 논의해야 한다. 이런 과정은 하루아침에 이루어지지 않는다. 조직 내에서 전체적으로, 점진적으로 변화가 일어나야 한다. 데이터 과학자 혼자서 할 수 없는 것이다.

그 과정에서 부서 간의 갈등도 일어나고 언쟁이 오가기도 한다. 때로는 상황이 심각해 보이고 암울해 보이기까지 한다. 하지만 이런 갈등의 신호가 침묵보다 오히려 좋은 신호라고 생각한다. 부부간에 서로 갈등이 있고 맞춰가는 과정이 있듯이, 부서 간에도 맞춰가는 과정은 필요하다. 또한 데이터 관련 부서와 IT, 마케팅, 세일즈 등의 부서 간 성격이 너무나 다르므로 갈등은 필연적으로 일어날 수밖에 없다. 이런 갈등은 오히려 좋은 신호다. 서로 조율이 되고 있다는 증거로 볼 수 있기 때문이다.

AI 도입에 어려움을 겪는 이유

AI를 도입하고 활용하는 데는 앞서 말했듯이 많은 어려움이 뒤따른다. 어떤 기업은 데이터 수집 단계에서부터 좌절하곤 한다. 많은 기업들이 이런 어려움에 직면한 뒤 한 발짝 더 나아가지 않고 쉽게 포기한다. 반면 어떤 기업은 이를 견뎌내고 자사만의 데이터 프로세스를 구축하고 AI 도입에 성공한다. 왜 AI 도입에 있어서 어떤 기업은 성공하고 어떤 기업은 쉽게 포기하는 현상이 나타나는 것일까?

많은 요인들이 있겠지만, 그중 하나를 꼽아보자면 많은 기업들이 효과와 효율을 발휘할 때를 제대로 알지 못하기 때문이다. AI 도입상에 많은 어려움이 있을 것임을 미리 예상하고 감수해야 한다. 이 말은 처음부터 AI 도입을 두려워하고 꺼리라는 말이 아니다. 처음 도입 시 어려움을 예상하고, 한 번에 빠르게 원하는 목표에 도달할 수 없음을 인지하라는 것이다. 효과를 추구해야 할 때가 있고, 효율을 추구해야 할 때가 있다.

그렇다면 여기서 말하는 효과와 효율은 무엇이고, 둘의 차이는 무엇일까?

시기에 따라 따져야 하는 효과와 효율

효과는 무엇일까? 효과는 원하는 결과에만 집중한다. 내가 얼마나 많은 비용을 들였는지를 고려하지 않는다. 결과가 기대치를 넘어서기만 하면 된다. 반면 효율은 내가 투입한 비용 대비 원하는 결과를 따진다. 투입한 비용의 크기에 따라 얻은 결과의 평가가 달라진다.

예를 들어 맛있는 '감바스알아히요'를 만드는 요리사가 되기를 희망하는 김바스 군이 있다고 하자. 감바스 요리를 처음 만드는 데는 많은 시간이 들 것이다. 새우를 손질하고, 마늘을 손질하고, 기름의 온도를 적절하게 유지하는 등 많은 손이 들어간다. 처음에 만든 요리를 지인들에게 맛보게 한다. 지인들 대부분이 맛없다며 손사래를 친다. 효과가 나타나지 않았다.

다시 레시피를 연구하며 이전보다 맛있게 만들기 위해 노력한다. 고생 끝에 낙이 온 것일까. 지인들에게 물어본 결과 열에 아홉은 맛있다며 엄지를 치켜세워준다. 드디어 원하던 기대치를 만족시켰다. 효과가 나타났다고 표현한다.

여기서 감바스 요리가 맛있다는 말을 듣기 위해 김바스 군이 투입한 비용은 고려되지 않았다. 김바스 군이 목표했던 기간이 일주일이고 재료비가 10만 원이었다고 하자. 실제 비용을 고려해보면 소요 시간은 무려 한 달이고, 관련 식재료 비용으로 100만 원 이상이 나왔다. 효율 측면에서 보면 실패라 할 수 있다. 맛있다는 결과를 보기 위해 투입한 비용이 예상 밖으로 너무 크기 때문이다. 그런데 몇 달 후 김바스 군이 차린 스페인 음식점은 소위 대박을 터뜨렸다. SNS에서 감바스 맛집으로 소문이 나 매일 100만 원 이상의 매출을 올린 것이다.

여기서 중요한 건 효과와 효율을 생각하는 시기다. 김바스 군이 맛있다는 말을 듣기 위해 노력하는 시기는 비효율의 시기였다. 단지 효과만을 생각해야 할 시간인 것이다. 이때는 시간이나 재료 비용이 얼마나 적게 들었는지는 중요하지 않다. 비용을 고려하지 않고 최대한 기대치에 맞게 결과를 만들어야만 하는 시기인 것이다.

효율은 효과가 나타난 이후에야 고려할 수 있다. 가령 김바스 군의 가게가 매출 100만 원을 달성하기까지 10개월이 걸렸으며 그 10개월간 매일 매출이 10만 원밖에 안 됐다고 하자. 하지만 김바스 군의 가게를 유지하기 위해선 최소한 매일 30만 원의 매출을 내야 했다고 한다면? 이때는 효율을 따져야 한다. 매출 10만 원을 내기 위해 얼마만큼의 비용이 들었는지를 파악하고 효율을 파악해야 한다. 효과가 났으니 효율을 따질 수 있는 것이다.

이때서야 계속해서 장사를 할 것인지 말 것인지 결정할 수 있다. 계속 장사를 할 것이라면 비용을 줄일 방법을 찾아야 할 것이고 말이다.

AI 도입에 있어 효과와 효율

AI를 도입하는 과정에서도 마찬가지다. 이때 많은 시간과 비용이 필요할 것이다. 데이터의 유형은 무엇이고, 어디에서 가져올 것인지를 알아야 한다. 또 데이터 관리는 어떤 식으로 할지 등도 말이다. 처음에는 효과를 고려해야 한다. 시간과 비용이 많이 들었다고 해도 일정 수준의 목표를 달성했다면 성공했다고 보는 것이다. 이게 바로 효과의 관점이다.

효과 입장에선 원하는 결과를 얻었다. 그런데 AI를 도입하고 나서 이를 통해 발생시키는 매출 대비 투입 비용이 상당하다고 한다. 이때는 효율을 고려해야 한다. 효율 입장에선 실패한 것이다. 원하는 결과를 얻는 데 비용이 예상보다 많이 들어 효율적이지 않았기 때문이다.

초기에 AI를 도입하는 과정에선 효과를 따져야 한다. 처음부터 매출을 올릴 수는 없다. 다짜고짜 매출이 10배가 될 수는 없다. 라면을 끓일 때도 마찬가지다. 물이 끓지도 않았는데 면을 넣을 수 없다. 물이 끓고 나서 스프와 면을 넣을 수 있다. 라면 스프가 물에 잘 스며들고 면발이 익어야지 맛있는 라면이 된다. 처음부터 맛, 즉 효율을 바라선 안 된다.

처음에는 비용이 오히려 더 들 수도 있다. 하지만 물을 끓이는 데 성공했다면 효과는 발휘됐다. 차근차근 나아가고 있는 것이다. 이때는 비용보단 결과, 효과를 생각해야 한다. 이후에 라면의 맛을, 즉 효율을 신경 쓸 수 있는 것이다.

AI 도입도 단계별로 나아가야 한다

어떻게 하면 AI를 통해 기업이 원하는 목표인 매출 상승에 조금 더 가까이 갈 수 있을까? 우선 AI 도입도 단계별로 끊어나가야 한다. 각 단계에서 효과를 추구할 시기와 효율을 추구할 시기를 명확하게 나눠서 생각하는 것이다.

먼저 AI 도입에 앞서 단계별로 프로세스를 명확하게 나눈다. 프로세스를 나누고 해당 단계마다 달성하고자 하는 기대치를 명확하게 한다. 그리고 그 기대치를 달성했을 경우 효과를 달성한 것으로 보고 다음 단계로 넘어간다. 이때는 효율을 신경 쓰지 않는다. 효율을 달성해야 할 때는 효과를 달성하고 난 이후다.

가령 AI 도입 단계의 프로세스 중 하나로 데이터를 저장하는 프로세스를 구축하는 시기가 있다. 이때 목표는 데이터 저장 프로세스 자체를 구축하는 일이다. 이 시기에는 얼마나 효율적으로 프로세스를 구축하느냐의 문제가 핵심이 아니다. 초기 프로세스를 구축한 이후에 얼마나 저비용으로 관리를 하는지와 같은, 효율 문제를 염두에 둘 수는 있다. 하지만 초창기 구축에서는 기대치를 넘어섰는지만 확인하면 된다. 그렇게 각 단계를 짧게 가져가야 한다. 효과에 집중할 때를 알고 효율에 집중해야 할 때를 아는 것, 타이밍을 아는 것이 무엇보다 중요하다.

파괴적 기술의 특성을
정확히 파악하라

존속적 기술과
파괴적 기술의 차이

　　　　　　　　　　　　　　　　　2020년, 전 세계는 가상 자산(암호화폐)으로 요동쳤다. 테슬라 CEO 일론 머스크의 말 한마디에 가격이 폭락과 반등을 계속하면서 2021년 6월까지도 많은 이들을 암호화폐 거래소로 불러모았다. 가장 잘 알려진 최초의 암호화폐는 블록체인 기술을 기반으로 한 비트코인(Bitcoin) 이다. 이후 비트코인의 대안적 성격을 띤다는 의미의 알트코인(Altcoin)이 나와 이더리움을 비롯한 리플, 비트코인캐시 등으로 거래되고 있다.

　비트코인 시스템의 가장 큰 특징은 중앙 저장소 또는 단일 관리자가 없다는 점이다. 그 누구도 비트코인을 독점하거나 조종할 수 없으며 또 누구나 비트코인을 사용하고 비트코인 채굴에 참여할 수 있다. 거래는 중개자 없이 블록체인 소프트웨어를 이용하는 참여자(nodes) 사이에 직접 이뤄진다.

경영학의 대가 클레이튼 크리스텐슨 교수는 저서 《혁신기업의 딜레마》(이진원 옮김, 세종서적, 2020)에서 기술을 2가지로 분류했다. 바로 존속적 기술과 파괴적 기술이다.

크리스텐슨은 존속적 기술의 가장 큰 특징으로 제품의 성능을 향상시키는 점을 들었다. 그는 주요 시장에서 활동하는 주류 고객들이 기대하는 수준에 맞춰 기존 제품의 성능이 점진적으로 향상된다는 점이 존속적 기술의 대표적인 특징이라고 보았다.

반면 파괴적 기술은 단기적으론 제품의 성능을 떨어뜨리지만 그 자체로 '혁신'이 되는 기술을 말한다. 앞에서 언급한 비트코인이 대표적인 혁신(파괴적) 기술의 사례가 된다. 파괴적 기술에 의해 생성된 제품은 일반적으로 기존 제품들보다 성능이 떨어져 주류 시장에서 외면받는 수가 많다. 초기에 블록체인 기술을 기반으로 한 비트코인 역시 화폐시장에서 외면당했다.

그러나 이 기술은 몇몇 다른 고객들이나 신규 고객들이 가치를 두고 중시하는 다른 특징들을 지니고 있다. 그런 기술들은 더 싸고, 더 단순하고, 더 작고 사용하기도 편리하다. 그래서 그들은 신규 시장을 창조하며 제품 성능을 지속적으로 개선해 결국 기존의 시장을 지배한다고 크리스텐슨은 보았다.

　일례로 원래 넷플릭스는 DVD 판매와 DVD 대여를 동시에 진행했다. 당시에는 DVD 대여 수익은 형편없었고, 대부분의 수익은 DVD 판매에서 나왔다. 넷플릭스는 DVD 대여 서비스에 집중하기로 했다. 이는 기존 수익을 포기하는 것으로, 주류 시장의 제품 성능을 오히려 떨어뜨리는 것에 가까웠다. 하지만 넷플릭스는 구독 서비스, 추천 시스템 등을 통해 대여 서비스를 더 탄탄하게 만들었다. 이를 통해 주류 시장의 고객들이 아닌 주변 고객이나 신규 고객들을 만족시킬 수 있었다. 지금의 넷플릭스는 기존의 큰 시장이었던 DVD 판매 시장을 포기하였기에 가능했을지도 모른다. DVD 판매 서비스는 존속적 기술에, DVD 대여 서비스는 파괴적 기술에 해당한 것이다.

파괴적 기술이 적용되기 어려운 4가지 이유

　파괴적 기술이 결국은 혁신을 가져오고 변화를 가져오는데, 왜 이 기술은 적용되기 어려운 것일까? 우선, 고객과 투자자들이 파괴적 기술보다는 기존 제품의 성능 향상을 약속하는 존속적 기술을 원하기 때문이다.

　자원 의존성이란 이론이 있다. 이 이론에 따르면 조직의 일원과 시스템은 고객과 투자자에게 그들이 요구하는 제품과 서비스, 이익을 제공해야만 한다. 예를 들어, 지금 이 글을 쓰고 있는 장소인 스타벅스도 마찬가지다. 스타벅스에서도 고객이 요구하는 서비스와 양질의 커피를 제공해야 한다. 그들을 만족시킬 만한 가치를 창출할 수 있다면 스타벅스는 더 확장할 수 있고 성장할 수 있는 것이다.

갑자기 자원 의존성 이론을 왜 얘기했을까? 기업이 혁신을 원한다고 혁신을 독립적으로 실행할 수 있는 구조가 아님을 말하고 싶어서다. 조직에게 고객과 투자자는 자원이므로, 이들의 욕구를 만족시켜야 조직이 생존하고 번성할 수 있다는 것이다. 따라서 고객과 투자자들은 기업의 의사 결정과 방향을 결정하는 데 주된 역할을 한다.

이 이론에 따르면 스타벅스의 방향을 결정하는 건 기업이라기보단 고객과 투자자들이다. 그런데 이들은 파괴적 기술을 원하지 않는다. 마치 초기에 가상화폐, 블록체인 기술을 불신하고 이러한 기술을 원하지 않는 사람들과 같다. 그들이 기존의 화폐 시장은 가상화폐에 의해 대체될 수도 없고 대체되어서도 안 된다고 생각한 것처럼 말이다.

이처럼 파괴적 기술의 경우 기존 주류 시장에 이용되는 서비스와는 관련이 없는 경우가 많고, 있다 하더라도 성능 개선은 미미하다. 경영자가 아무리 파괴적 기술을 믿고 이를 통해 혁신하려 한다고 하더라도 고객들이 원하지 않는다면 자원을 동원할 수 없다.

둘째, 대개 파괴적 기술이 진출할 소규모 시장은 기업들의 성장 욕구를 해결해주지 못하기 때문이다. 기업은 성장할수록 매출 규모를 이전보다 늘려야 한다. 더 큰 성장을 바라고 더 큰 시장을 찾기를 원한다. 그렇기에 기업들은 지금은 소형 시장이지만 미래에 대형 시장이 될 만한 시장에 진출하기를 꺼린다. 즉, 파괴적 기술을 적용하는 데 있어선 규모가 큰 시장을 찾는 기존의 전략이 통용되지 않는 것이다.

셋째, 시장이 요구하는 발전 속도와 기술의 발전 속도가 다를 수 있기 때문이다. 시장의 요구에만 집중하는 것은 존속적 기술을 발전시키는 전략이다. 그런데 파괴적 기술을 발전시키려면 때로는 시장의 요구에 반대로 대응할 수도 있어야 한다. 오늘날에는 쓸모없어 보이거나 유용해 보이지 않는 기술들도 내일이면 다르게 나타날 수도 있기 때문이다.

예를 들어 초기에 아이폰에서 이어폰 단자를 제거하고 출시하려 할 때 시장은 이를 원하지 않았다. 아직까지 무선 이어폰에 대한 시장의 요구가 그리 크지 않았기 때문이다. 그래서 2016년에는 이어폰 잭을 없애지 말라는 서명운동과 탄원서가 제출되기도 했다. 하지만 무선 이어폰과 관련된 기술의 발전은 이보다 빨라 시장의 요구보다 앞서서 상품이 출시될 수 있었다. 그 결과 관련 시장은 급성장해, 2016년 100만 대 규모에 불과하던 무선 이어폰 시장은 2019년 1억 7,000만 대, 2021년 5억 3,000만 대를 기록했다. 5년 사이 500배 이상 성장한 것이다. 이제는 이어폰 단자가 없는 게 오히려 당연하게 여겨진다.

이렇듯 때로는 시장과 고객의 현재 목소리에 귀를 기울이는 것이 오히려 독이 된다. 그들의 현재 목소리에만 귀를 기울이게 되면 현재 그들이 필요로 하지 않는 기술은 더 이상 들어설 자리가 없기 때문이다. 시장의 요구에 집중하는 전략의 특성상, 파괴적 기술이 자리 잡기 힘들다.

넷째, 파괴적 기술을 적용하기 앞서 시장을 분석할 수 없기 때문이다. 파괴적 기술의 경우에는 대개 '시장'이 아예 존재하지 않는다. 존재하지 않는 시장은 분석할 수 없다. 시장이 없으니 파괴적 기술을 개발해도 적용할 수 있는 모델이 없다. 시장의 미래를 알 수 없기에 불확실성 투성이고 데이터도 없다. 파괴적 기술을 개발하기 어려운 점이 여기에 있다.

결국 파괴적 기술은 아무리 혁신을 가져온다 하더라도 고객과 투자자들이 원치 않기에 도입이 어렵고, 해당 기술을 활용할 만한 시장이 존재하지 않거나 너무 협소할 가능성이 높아 도입이 어렵다. 또한 파괴적 기술은 조직의 자원이 되는 사용자(고객, 투자자)들이 원하는 바와는 반대되는 방향으로 개발이 이루어져야 하므로 개발 자체가 쉽지 않다. 그뿐만 아니라 아예 시장이 존재하지 않을 수 있고 이 경우 데이터가 없어 시장 분석이 불가능하다.

파괴적 기술로서의
AI 기술

AI에 파괴적 기술을 적용할 방안을 논의하기 전에 먼저 파괴적 기술의 대표가 되는 AI 기술의 사례를 살펴볼까 한다(4장의 사례에서 살펴볼 스마트팩토리에 쓰인 AI 검사 기술 역시 AI의 대표적인 파괴적 기술에 해당할 것이다).

지금 당장에는 AI 검사 기술을 사용하는 것은 효율적이지 못하다. 영상 처리를 기반으로 한 기존 소프트웨어를 사용하는 것이 더 효과적이다. 만약 파괴적 기술에 속하는 AI 검사 기술을 활용한다면, 이 기술을 이용하기까지 GPU(그래픽 처리 장치)와 같은 하드웨어 장치도 필요하게 될 것이다. 그뿐만 아니라 AI 모델 학습에 필요한 영상 데이터를 수집하기까지 꽤 긴 시간이 걸리기도 할 것이다. 이에 투자할 경우 초기에는 오히려 성능이 떨어질 수도 있다. 하지만 파괴적 기술이 그렇듯, 시간이 지나며 더 싸고, 더 단순하고, 더 작고 사용도 편리해진다.

AI 검사 기술 관련 대표적인 사례로 수아랩이 2019년에 개발한 딥러닝 기반의 머신비전 불량 검사 소프트웨어인 '수아킷(SuaKIT)'을 꼽을 수 있을 것이다. 수아킷은 기존의 머신비전 검사로는 검출하지 못했던 비정형·불규칙적인 불량을 딥러닝을 활용하여 검출할 수 있었고 디스플레이, 반도체, 태양광 등 전기·전자 산업군뿐만 아니라 자동차 및 식음료 산업에 이르기까지 다양한 산업군의 제품 검사에 모두 적용 가능했다(김진희, "수아랩, 다양한 시연 장비 통해 수아랩 대표 제품 '수아킷' 소개", 〈헬로티〉, 2019. 3. 25.).

이 업체도 파괴적 기술을 추구했기에 초기부터 인정받지는 못했다. 하지만 수아랩은 점차 AI 검사 기술의 적용 사례를 늘려가며 사용의 편리성을 인정받아갔다. 또한 검사와 관련된 데이터를 축적해갔기에 성능도 점점 향상되고 인정받았다. 그 결과 미국 유명 컴퓨터 비전 업체인 코그넥스에 2,300억 원에 인수되는 성과를 낳았다.

AI 기술을 활용할 방안

이제 본론으로 돌아가 AI라는 파괴적 기술을 활용할 방안을 생각해보자. 기존의 상식과는 반대되는 지표를 맞닥뜨릴 경우 대개 기업은 이를 적신호로 보고 중단한다. 일반적으로 존속적 기술일 경우엔 맞는 전략이지만, 파괴적 기술일 경우 잘못된 전략이다. 파괴적 기술의 경우 고객이나 시장의 요구사항과 반대되는 지표가 청신호일 수 있는 것이다. 그렇다면 반대되는 지표를 적신호로 보지 않으려면 어떻게 해야 할까?

먼저 데이터 혁신팀과 같이 민첩하게 움직일 수 있는 소수의 팀을 꾸리는 것이다. 작은 팀의 경우 상대적으로 작은 성과로도 동기부여가 되기 쉽다. 또한 전사적으로 반대되는 지표를 맞닥뜨리는 게 아닌, 소수의 팀에서만 이를 감당하면 되므로 상대적으로 위험 부담이 덜하다.

둘째로, 실패를 격려하는 조직문화를 만든다. 기술은 파괴적 기술에 도달하기 전에 소수의 시장에서 인정받지 못하고 사라질 가능성도 높다. 이를 실패로 규정하고 책임을 묻는다면 새로운 시도를 할 여지가 줄어든다. 그렇기에 실패를 격려하는 문화를 구축하여 혁신의 기회를 늘리는 것이 중요하다.

마지막으로, AI 기술 자체가 파괴적 기술이란 걸 인식하는 것이다. 파괴적 기술임을 인지하지 않는 것과 인지하는 것의 차이는 매우 크다. 우선 AI 기술이 파괴적 기술임을 인지했다면 반대되는 지표가 필연적일 수밖에 없음을 알게 될 것이다. 작은 실패에도 연연하지 않을 것이다. 소규모의 작은 시장이라도 이를 개척하려고 시도할 것이다.

고객 행동의
틈새를 파악하라

오프라인에서 확인하고
온라인에서 구입한다

전자 제품을 사기 위해 하이마트나 전자랜드 같은 오프라인 전자제품 매장을 방문한 경험이 누구나 한 번쯤 있을 것이다. 우리가 오프라인 매장을 굳이 찾는 이유는 제품들을 우리 눈으로 직접 보고 비교하기 위함이다. 그런데 이때 마음에 드는 제품을 발견했다고 바로 그 자리에서 구매할까? 아니다. 온라인과 가격을 비교해 어떤 곳이 더 싼지 확인하는 작업이 남았다.

인터넷과 가격을 비교해보니 오프라인 매장의 제품이 10%가량 더 비싸다. 눈으로 직접 디자인이며 크기 등 외관을 보고 좋은 제품이란 걸 확인했으니 다음 절차로 가격이 더 저렴한 온라인 매장에서 구매 버튼을 누른다. 그러고는 매장을 유유히 빠져나간다.

이렇게 오프라인에서는 제품을 확인만 하고 제품 주문은 온라인으로 하는 행동을 쇼루밍(Showrooming)이라고 한다. 기업 입장에서는 이런 쇼루밍족들이 달가울 리가 없다. 실제 매출로 연결되지 않기 때문이다.

실례로 미국 최대 가전제품 유통업체인 베스트바이는 쇼루밍족으로 인해 2011년 4분기에 17억 달러의 적자를 기록했다. 잘나가던 완구 판매업체 토이저러스도 쇼루밍족으로 인한 피해를 겪다가 2017년에 파산 신청을 하기도 했다. 월마트, 메이시스백화점 같은 오프라인 매장은 사실상 전시장으로 전락해버린 것이다.

시장 파괴 전략의
핵심엔 고객이 있다

요즘 고객들은 매우 합리적으로 약게 행동한다. 이전처럼 마케팅과 광고에 순진하게 넘어가주는 고객이 아니다. 인터넷의 보급으로 검색과 가격 비교 등을 하지 않고 제품 구매를 하는 고객은 이제 찾아보기 힘들어졌다. 덕분에 정보 격차는 시간이 갈수록 줄어들고 고객들의 소비 방식도 갈수록 노련해진다. 고객들이 시장을 주도하며 과다한 할인 경쟁을 부추기고 있는 셈이다.

그러나 기업의 생리는 이윤을 추구하기 위한 신속하고 발 빠른 적응에 있듯이, 소비자의 소비 패턴을 역으로 이용해 시장에서 주도권을 잡는 기업들도 있다. 일례로 전자제품의 가격을 온라인으로 한눈에 비교 가능하게 해주는 사이트 '다나와'가 있다. 다나와는 소비자에게 검색의 시간을 줄여줌으로써 구매로 이어지게 한다. 또한 플랫폼 시장에 일찌감치 뛰어들어 한국의 아마존을 노리는 쿠팡과 네이버스토어 등도 주도권을 잡은 기업이라 할 수 있겠다.

이제 쇼루밍족들은 이들 기업의 플랫폼에서 제품을 검색하고 구매도 한다. 검색과 구매가 동시에 이루어지도록 혁신을 꾀한 이들 기업은 기존의 전통적인 판매 시장을 파괴한 혁신기업이자 파괴적 기술의 선도자들이다.

이런 기업들은 어떻게 시장을 파괴할 수 있었을까? 답은 고객에서 찾을 수 있다. 제품을 접하는 고객들의 행동 패턴을 분석해보면 시장을 파괴하는 혁신적인 전략이 나올 수 있기 때문이다.

고객 가치 사슬을 파악하자

고객 가치 사슬(CVC, Customer Value Chain)은 고객이 자신의 욕구를 충족시키기 위해 택하는 주요 단계, 활동을 나타낸다. 제품을 찾아보고 평가하며 구매해서 사용하고 처분하기까지의 활동이다. 이 CVC를 자세히 살펴보고 분석해보면 새로운 시장이 보인다. 왜냐하면 고객들에게 가장 중요한 건 제품을 통해 얻는 가치지만, CVC 전 단계가 모두 탁월한 가치를 전달하지는 않기 때문이다.

CVC 단계 중 특정 단계가 전달하는 가치가 없거나 약하다면, 고객은 새로운 가치 창출구를 찾는다. 일례로 고객이 제품 구입을 위해 오프라인 전자제품 매장을 찾았을 때 고객에게 오프라인 매장은 제품을 평가하고 비교해보는 측면에서는 가치가 있었다. 하지만 제품을 구매할 때는 온라인보다 상대적으로 비싼 가격으로 인해 가치가 떨어졌다.

이는 고객이 다른 곳으로 눈을 돌리게 되는 원인이 된다. 오프라인 매장의 가격에 비해 온라인 가격이 훨씬 싸기 때문이다. 즉 구매할 때는 오프라인에 비해 온라인이 고객에게 주는 가치가 더 커졌음을 의미한다(이마저도 가격 비교, 쇼핑 정보 플랫폼 '다나와'가 생긴 뒤로는 제품 평가와 비교마저 온라인으로 하는 것이 더 큰 가치를 지니게 됐지만 말이다). 이렇듯 CVC를 자세히 살펴보면 고객 행동의 틈새가 보인다. 가치가 약하거나 잠식되는 지점, 그 틈새에 블루오션이 있다.

CVC 사이의 단계를 분리하는 디커플링

디지털 마케팅 전략과 전자상거래 분야의 전문가인 탈레스 S. 테이셰이라 하버드대 교수는 자신의 저서 《디커플링》(김인수 옮김, 인플루엔셜, 2019)에서 이런 CVC 사이의 단계를 분리시키는 행위를 '디커플링'이라고 부른다.

디커플링은 많은 디지털 파괴 현상을 설명해줄 수 있다. 이를 통해 우리가 확인할 수 있는 것은, 파괴적 기업들이 기존 기업의 모든 사업 부분을 대체하는 것이 아니라 디커플링이 가능한 일부만을 대체한다는 사실이다.

'넷플릭스'를 예를 들어 디커플링을 살펴보자. 일반적으로 고객들이 영화를 시청하기 위해서 해야 하는 행동은 무엇일까? 고객의 관점에서 보면 고객은 인터넷이나 플랫폼을 통해 영화를 다운받아 영화를 감상한 뒤 감상평이나 후기를 인터넷에 평가한다. 그런데 넷플릭스는 스트리밍 서비스를 통해 인터넷으로 영화를 다운받는 중간 과정을 생략한다. 영화를 '감상하는 행위'만

남기는 것이다. 그리고 이를 가능하게 하는 나머지 인프라(광역통신망이라든지 인터넷 연결 작업 등의 것들)는 다른 거대 기업에게 맡긴다.

우버나 리프트(Lyft)도 고객 행동의 틈새를 찾아낸 대표적인 사례다. 택시를 타고 이동하는 것과 택시를 부르는 것을 분리한다. 고객이 원하는 가치는 차를 타고 이동하는 것으로, '이동'이라는 점에 비중을 둔다. 그에 비해 고객이 택시를 부르는 행위는 번거롭고 때로는 택시가 없을 수도 있기에 가치를 잠식하는 행위다. 이 틈새에 블루 오션이 숨어 있는 것이다.

이 같은 고객 행동의 틈새는 서비스 분야에서도 찾아볼 수 있다. 스타벅스의 사이렌 오더(Siren Order)가 그 예다. 사이렌 오더는 2014년 비콘(Beacon) 기술을 응용한 모바일 주문 서비스로, 모바일로 먼저 주문하면 매장에 방문해 곧바로 음료를 받을 수 있는 서비스다. 이 시스템 덕분에 고객은 매장에 가서 번거롭게 주문을 하지 않아도 편하게 음료를 마실 수 있게 되었다. 고객 입장에서 가치가 낮은 행위를 찾아내어 공략한 셈이다.

AI 기술은 그 자체로 디커플링을 일으킨다

AI 기술은 앞선 글에서 살펴봤듯이 파괴적 기술이다. 파괴적 기술은 그 자체가 디커플

링을 일으킬 수 있다. 즉, AI 기술을 추구하는 자체가 시장의 틈 새를 공략하는 것이 될 수 있다.

사례를 통해 살펴보자. 고객의 행동에서 틈새를 발견하고 AI 기술을 활용한 예는 무엇이 있을까? 우선 자동차산업에는 테슬라를 비롯한 자율주행 업체들이 있다. 자율주행기술 자체가 CVC 내의 특정 행동을 분리시키고 혁신을 일으킨다. 보통 차를 타기 위한 CVC는 어떻게 될까? 우선 어떤 차를 살지 고민을 하고 다양한 차종들을 비교, 평가 후 차를 선택한다. 그리고 구매하고 운전하고, 다 사용하고 나선 처분한다. 이때 운전하는 것을 좋아하는 사람도 있겠지만, 이게 추가적인 노동으로 인식되는 사람도 있다. 그런 사람들에게 이 부분의 가치는 약하다.

AI를 활용한 자율주행기술은 이를 공략한다. 아예 사람이 직접 운전할 필요가 없게 만들었다. 자율주행기술이 높은 단계까지 진척된다면 CVC의 많은 단계들이 분리될 수 있다. 차를 소유할 필요도 없고 직접 운전할 필요도 없다. 차 안에서 휴식을 취하거나 공부를 하는 등 자신에게 가치를 주는 행위를 할 수 있다. 차를 사는 돈으로 다른 제품을 사는 것도 얼마든지 가능하다. 차를 소유하지 않으니 차를 파는 단계도 생략된다.

스마트 스피커는 AI 음성인식 기술이 활용된 대표적인 기기다. 스마트 스피커도 또 다른 디커플링의 예다. 간단한 예로 날씨를 확인한다고 하자. 이때 필요한 일련의 행위들은 다음과 같다. 핸드폰을 들고 날씨 앱을 찾고 날씨를 확인한다. 가치를 창출하는 행위는 날씨를 '확인'하는 것이다. 이 외에는 가치를 잠식하는 행위로, CVC 내에서 그 연결고리가 약하다.

스마트 스피커에게 '오늘 날씨는 어때?'라고 물으면 핸드폰을 들 필요도 없고, 날씨 앱을 찾을 필요도 없다. 이 과정을 분리시키고 가치를 창출하는 행위, 즉 '확인'만 하면 된다. AI의 음성 인식이라는 기술 자체가 CVC의 많은 부분을 분리시키거나 생략시키는 것이다. 이렇듯 AI 기술은 파괴적 기술로서 시장에 혁신을 불러일으킬 잠재성이 무궁무진하다.

고객 행동의 틈새가
곧 시장의 틈새다

AI 기술을 이용하는 것과 관련돼서도 틈새시장이 존재하고 이를 공략한 기업들이 있다. AI를 이용한다고 하면 대부분 데이터에 레이블이 필요한 지도 학습, 즉 감독 학습을 하는 경우가 많다. 지도 학습에 필요한 데이터 세트를 구축하는 작업을 레이블링 작업이라고 한다. 이 작업은 상당히 손이 많이 가고 번거롭다.

가령 스팸메일을 AI를 이용해 걸러내고 싶다고 하자. 해당 과제는 스팸메일인지 아닌지 분류하면 되는 작업으로, 지도 학습을 이용해서 해결할 수 있다. 이때의 레이블링 작업은 해당 메일이 스팸인지 아닌지를 분류하는 작업이다. 스팸인지 아닌지가 명확해지면 AI는 이를 학습해 스팸메일의 패턴을 익힌다. 그리고 임의의 스팸메일이 들어오면 이를 분류한다.

그런데 스팸메일인지 아닌지 일일이 분류하기가 상당히 번거롭다. 이 경우, AI를 이용하길 원하는 사람이 고객이라 가정하고 해당 고객의 CVC를 살펴보자. 우선 AI 모델을 이용하기 위해 여러 알고리즘을 비교할 것이다. 그리고 지도 학습을 위한 데이터 세트를 구축하고 이를 기반으로 AI를 학습할 것이다. 그리고 이를 이용해 스팸메일을 필터링하게 될 것이다. 여기까지가 AI를 이용해 스팸메일을 필터링하고자 하는 고객의 CVC가 되겠다.

이때 가치를 창출하는 부분은 스팸메일을 필터링하는 부분이다. 데이터 세트를 구축하는 부분은 가치를 잠식시키는 부분으로 이 부분의 연결고리가 약하다. 이 부분을 디커플링하면 새로운 시장이 나타날 수 있는 것이다. 실례로 '크라우드웍스'라는 회사는 레이블링만을 전문적으로 해주는 플랫폼 기업으로, 고객이 가치를 느끼기 힘든 부분을 적절히 잘 공략했다고 볼 수 있다. 크라우드웍스 이외에도 데이터메이커, 슈퍼브에이아이 등의 기업이 레이블링을 전문적으로 해준다.

이렇듯 고객의 행동을 관찰하고 분석해보면 그 행동에서 약한 가치를 지닌 부분을 알 수 있다. 가치를 창출하지 않는 부분의 틈새를 찾고 이를 공략하자. 그 부분이 시장의 틈새다. 한 산업 분야에만 얽매일 필요는 없다. 모든 산업 분야에서 약한 연결고리가 있다.

더불어 CVC를 분석하고 AI 기술을 각 단계에 적극 활용할 방안을 모색하자. AI 기술 자체만으로도 CVC 내에 디커플링을 일으킬 수 있기 때문이다. 앞서 든 예시처럼, 자율주행이나 스마트 스피커 같은 AI 기술은 그 자체로 가치를 잠식시키는 행위들을 분리시키고 더 나은 가치를 제공한다.

실험을 통한
데이터에 집중하라

의견을 데이터로 착각하지 말자

의사결정에 있어 데이터는 무엇보다 중요하다. 작게는 점심 메뉴를 선택하는 것과 같은 일상생활에서부터 데이터가 영향을 미친다. 또 기업의 성장 방향이나 국가의 정책 결정 등 중대한 사항까지도 영향을 미치기에, 데이터가 영향을 미치는 분야는 넓고 방대하다 할 수 있다.

여기서 중요한 건 다음과 같은 질문이다. '어떻게 하면 데이터를 의사결정에 보탬이 될 수 있게 사용할 수 있을까?' 데이터는 올바르게 활용되어야 데이터다. 그런데 사람들은 종종 의견과 데이터를 헷갈리는 경우가 있다. 특히 스타트업을 시작하는 창업자들의 경우 초창기 아이디어에 대한 피드백을 주변인들로부터 들을 때 의견과 데이터를 구별하지 못하는 실수를 저지르곤 한다.

전동 킥보드, 나도 아이디어가 있었는데!

전동 킥보드를 아는가? 자전거는 아니지만 자전거보다 작고 타기 쉬운 운송 수단이다. 발을 차고 킥보드 위에 일어서서 가속 버튼을 누르면 앞으로 쑥 하고 나아간다. 타는 재미가 있어 많은 사람들에게 흥미를 준다.

흥미 외에도 전동 킥보드를 필요로 하는 사람은 많다. 대리운전을 하느라 멀리까지 이동해야 하는 사람이나, 대중교통 대신 출퇴근용으로 사용하는 사람도 점점 늘어나는 추세기 때문이다. 게다가 전동 킥보드를 굳이 구매하지 않아도 자유롭게 타고 다닐 수 있는 방법이 많아져서 이용하기도 편리하다. 라임, 킥고잉, 씽씽과 같은 공유 전동 킥보드 서비스가 이를 가능케 한 것이다. 나 같은 경우도 비교적 가깝지만 걸어서는 먼 곳에 위치한 카페를 갈 때 이를 애용하는 편이다. 이제는 정말 편리한 서비스가 됐지만, 이 아이디어는 상용화되기까지 좀 걸렸다. 조금씩 전동 킥보드를 이용하는 고객 수는 늘어났고, 이 인기는 지금도 꾸준히 상승 곡선을 그리고 있다.

　내가 전동 킥보드를 볼 때마다 떠오르는 안타까움은, 공유 전동 킥보드 서비스 아이디어가 내게도 있었다는 사실이다! 다만 실행하지 못했을 뿐이기에 그냥 아이디어에서 그쳤다.

　나는 당시 이 아이디어를 실행하기 앞서 데이터를 수집한답시고 사람들에게 의견을 이리저리 묻고 다녔다. 그러나 대다수 사람들의 대답이 회의적이었다.

　"따릉이처럼 국가에서 관리하는 게 아니면 기업에서 관리하기는 힘들 거야." "타고 도망가면 어떡해?" "타려는 사람이 별로 없을 것 같아." 의견들은 이런 식이었다.

　말하자면 나는 작은 설문조사를 했던 셈인데, 그 설문조사를 나는 데이터로 받아들였던 것이다. 그 설문조사 결과는 그 사람들 입장에선 경험에서 우러나온 실질적인 조언이었을 수도 있다. 하지만 데이터가 되기에는 엄연한 자격 미달이었다. 그럼에도 불구하고 나는 당시 이런 의견들을 근거로 해당 아이디어를 잠재적으로 실행할 만하지 않다고 판단해 포기했다. 지금 생각하면 데이터를 다루는 사람으로서 바보 같은 일이었다. 왜냐하면 앞선 이 의견들은 데이터라 하기엔 많은 오점을 가지고 있기 때문이다.

'의견'은 어째서 데이터가 아닌가

설문조사 결과, 즉 의견은 어째서 데이터가 아닐까? 첫째로 의견은 사람들의 주관적인 생각일 뿐이지 실제 실험을 통해 검증해본 게 아니다. 실험은 객관적인 데이터를 확보할 수 있는 굉장히 유용한 수단이다. 많은 기업들이 앞서 설명했던 A/B 테스트를 하는 이유도 여기에 있다. 'A와 B 중 어느 것이 나을 것이다'라고 사람들이 어림짐작할 수는 있지만, 진짜 시장의 반응은 실험을 해봐야 안다. 어림짐작이 틀리는 경우도 많고 말이다.

둘째로 그 사람들은 그 아이디어에 잘못된 의견을 말해도 손해볼 것이 없는 사람이라는 점이다. 그 사람 입장에선 자신의 의견은 의견일 뿐 틀려도 상관없다. 하지만 진짜 자기 재산의 10%를 투자하게 된 상황이라면 어떨까? 그럴 경우 그 사람은 보다 진지하게 고민할 것이다. 잘못 판단하게 될 경우 자신이 손해를 입을 수 있기 때문이다. 여기서 유명한 '스킨 인 더 게임'(Skin in the Game)이란 용어가 나온다. 자신이 책임을 안고 직접 현실(문제)에 참여하라는 말이다. 자신에게 책임이 없는 상황에서 나온 생각과 판단은 오류를 내재할 가능성이 너무나도 크다.

셋째로는 사람의 이성이 가지는 한계에 있다. 이성은 확증 편향을 비롯한 여러 편향들의 영향을 무시할 수 없다. 특히 확증

편향으로 인해 사람은 보고 싶은 것만 본다. 가령, 평소에 전동 킥보드에 대해 회의적이었던 사람들은 이와 관련된 부정적인 기사나 의견들만 찾게 된다. 반대로 공유 전동 킥보드 서비스에 대해 긍정적이었던 사람은 부정적인 기사나 의견들은 무시하고 긍정적인 것만 필터링해서 받아들인다. 객관적인 의견이 모이면 데이터가 될 수도 있지만 이런 편향은 의견을 왜곡시킨다. 이게 이성이 가진 편향의 효과다.

이렇듯 의견은 실험을 통해 검증된 결과가 아닌 자신만의 주관적인 생각이다. 더군다나 손해볼 것 없는 사람들에 의해서, 확증 편향에 의해 여러 차례 왜곡된다. 그렇기에 데이터라고 할 수 없다. 그렇다면 어떻게 데이터다운 데이터를 수집할 수 있을까? 답은 실험에 있다.

AI에 기반한 반려동물 맞춤 사료 추천 서비스

A/B 테스트와 마찬가지로 아이디어 또한 빠르게 실험을 통해 검증할 수 있다. 내가 만약 과거로 돌아간다면 공유 전동 킥보드 서비스에 대해 적합한 실험을 계획하고 이를 바탕으로 데이터를 수집했을 것이다.

공유 전동 킥보드 서비스가 개발되지도 않았는데 어떻게 실험을 하냐는 의문을 제기하는 사람이 있을 수도 있겠다. 시제품을 만들지 않은 상태에서 실험을 할 수 있는 방법은 없을까? 있다. '프로토타이핑(Prototyping)'이란 방법을 사용하면 된다. 프로토타이핑은 제품의 가장 단순한 버전을 만들어 아이디어를 빠르고 저렴한 비용으로 테스트하는 것을 말한다.

실제로 나는 최근에 AI 기반 반려동물 맞춤 사료 추천 서비스에 대한 아이디어를 가지고 있었다. 시장조사를 간단히 해본 결과, 반려동물 종별로 맞춤형 사료를 추천해주는 서비스는 국내에 존재하지 않았다. 단지 반려동물의 크기에 따라서만 사료를 추천해주었다.

나는 이를 바탕으로 개인화 시대와 더불어 반려동물도 각자의 고유성이 중시되는 시대가 올 것이라 생각했다. 주변 사람들의 의견을 물어본 결과, 반려동물 먹이 시장이 크고 성장하기에 좋을 것 같다는 의견과 함께 대부분이 긍정적인 반응이었다. 이미 먹이 시장이 형성되어 있다는 건 그만큼 수요가 크다는 것을 의미하고, 잘될 수밖에 없는 아이템이란 의견도 있었다. 하지만 중요한 건, 이건 데이터가 아니라 단지 의견일 뿐이라는 점이다. 실험, 즉 프로토타이핑이 필요했다.

이를 위해 간단한 설문이 들어간 웹사이트를 기획했다. 견종별 사료가 있는 사이트를 크롤링해 간단한 데이터베이스를 구축했다. 이를 바탕으로 견종별, 연령별로 사료를 추천해줄 수 있는

◐ 반려동물 맞춤 사료 추천 서비스 프로토타이핑

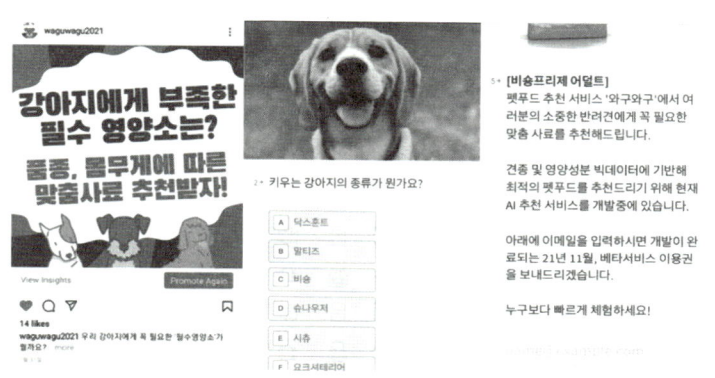

서비스를 제작했다. 다른 기능은 아무것도 없었다. 실제 서비스는 아직 개발되지 않았기에 끝에는 메일을 입력할 수 있는 칸을 추가했다. 서비스가 개발되면 누구보다 빠르게 서비스를 체험할 수 있다는 문구를 넣고서 말이다. 인스타그램에 해당 페이지를 5만 원을 주고 일주일간 광고했다.

얼마나 많은 사람이 메일을 입력할지 미지수였다. 우리는 정말 실제로 관심이 있는 사람이면 이메일주소를 입력한다고 가정했다. 사람들에게 이메일을 입력하는 건 실제로 자신의 정보를 공개함과 더불어 시간을 요하는 일이기 때문이다. 가령 1,000명의 사람에게 노출되면, 그중 200명(반려동물을 기르는 사람이 인구의 20%라고 한다)이 페이지를 방문할 것이고 그중 10%, 즉 20명이 이메일을 입력할 거라 가정했다. 1,000명 중 20명 이상, 즉 2% 이상이 이메일을 입력하는 결과가 나온다면? 또한 이런 프로토타이핑을 여러 차례 실시한 결과가 긍정적이라면? 그때는 아이디어가 검증되었다고 봐도 무방할 것이다.

진실을 알려주는
실험의 힘

일주일간의 실험 결과 4,500여 명의 사람에게 우리의 웹사이트가 노출됐고, 실제 방문한 사람은 1.5%인 70명이었다. 그 가운데 설문 응답자는 70명 중 9명, 이메일 입력자는 70명 중 4명이었다. 애당초 실험 설계 시 예상했던 결과는 적어도 2%가 이메일을 입력하는 것이었다. 하지만 실험 결과 메일을 입력한 사람은 4,500여 명 중 4명으로 0.1%도 안 됐다. 다소 처참한 결과였다.

이번 실험의 의의는 2가지로 볼 수 있었다. 우선 많은 시간과 비용을 절약해주었다는 것이다. 의견을 데이터로 착각하고, 무턱대고 이 아이디어를 실험도 해보지 않고 실행했다면? 투입한 시간과 비용은 실험과는 비교도 되지 않을 만큼 많았을 것이고, 그만큼 어머어마한 후폭풍이 찾아왔을 것이다.

두 번째로는 의견과 데이터가 확실히 다르다는 걸 몸소 체험했단 것이다. 실험을 기획할 때 실험을 왜 하는지에 대한 의문을 가진 이도 있었다. 주변에서 먹이 시장이 활성화되어 있으니 그만큼 수요가 있고, 실험 결과가 좋을 수밖에 없다고 생각한 것이다. 하지만 결과는 정반대로 나타났다. 앞서 말했듯이 손해 볼 것 없는 사람들에 의해, 이성적인 편향이 섞인 주관적인 의견은 왜곡될 수밖에 없고, 우리가 원하는 데이터를 줄 수 없다.

 이처럼 의견과 데이터는 구분지어져야 한다. 데이터 과학자에겐 의견이 실제로 그러한지 검증해보는 노력이 필요하다. 이를 위해 적합한 데이터를 획득하기 위해 적절한 실험을 계획하고 실행하는 일도 중요할 것이다. 정리하면, 의견과 데이터를 명확하게 구분할 줄 아는 시각과 더불어 적합한 실험을 계획하고 원하는 데이터를 얻어낼 수 있는 역량은 데이터 과학자에게 큰 무기가 될 것이다.

4장

AI와 데이터를 활용한
성공 요인 분석

AI로 결함을 찾다: 스마트팩토리

똑똑한 공장의 탄생, 스마트팩토리

스마트팩토리(Smart Factory)란 제품의 설계부터 개발, 제조 및 유통과 물류까지 생산의 전체 과정이 자동화로 이루어지는 공장을 말한다. 인공지능(AI)은 물론이고 사물인터넷(IoT), 정보통신기술(ICT)이 포괄적으로 적용되는 지능형 생산공장이므로 4차 산업혁명의 핵심이자 제조업의 혁신 방안으로 꼽힌다. 그중 AI로 인한 새로운 바람은 스마트팩토리를 선두에서 이끄는 대표적인 기술이라 할 것이다. 제조업 분야가 많겠지만, 그중에서 내가 한때 일했던 산업인 스마트폰 제조와 관련해 이야기해볼까 한다.

나는 스마트폰 제조에서 AI 검사 기술 부서에서 일한 적이 있다. AI 검사 기술이 무엇인지 말하기 전에 무엇을 검사했는지부터 살펴보자. 스마트폰의 부품에서 핵심은 어디일까? 스피커 마이크 등도 있을 테지만 무엇보다 중요한 건 액정인 디스플레이와 컴퓨터 역할을 하는 반도체다. 삼성 디스플레이, LG 디스플레이, SK 하이닉스와 같은 회사에서 생산하는 제품이기도 하다.

이 부품들을 생산하는 데 AI 검사 기술이 쓰인다. 검사 기술은 말 그대로 제품에 하자가 있는지 검사를 하는 기술이다. 이런 검사 기술은 왜 필요할까?

속도와 정확도 면에서 매우 효율적인 AI 검사 기술

효율은 디스플레이, 반도체 등을 생산하는 데 무척 중요하다. 왜냐하면 공장이 특정 시간 가동되지 못할 경우 그 시간 동안 발생하는 손실이 어마어마하기 때문이다. 반대로 말하면 짧은 시간 동안 공장에서 생산하는 제품의 가치가 상당히 높다는 것이기도 하다. 그렇기에 대부분의 제품이 자동화 공정으로 대량으로 빠르게 생산된다.

그런데 생산되고 난 제품 10개 중 9개가 불량품이라면 어떨까? 효율이 어마어마하게 떨어진다. 결함이 없는 합격품의 비율을 수율이라고 하는데, 앞선 예처럼 9개가 불량품인 경우 수율이 낮다고 얘기한다.

빠르게 자동으로 대량생산되는 공정에서 사람이 일일이 불량을 확인할 수 있을까? 불가능하다. 우선, 기계의 속도를 따라잡지도 못한다. 그러면 교대로 근무하면서 많은 사람을 투입하면 되지 않느냐고? 그렇지 않다. 교대로 근무한다손 치더라도 다른 문제가 있다. 사람이 불량을 판단하는 기준은 사람마다 다르다. 그렇기에 오차가 발생한다. 같은 불량품이라도 판단 기준이 다르기 때문에 불량품이 정상품으로 판단될 수도 있는 것이다.

또한 사람이 불량을 검사한다면 사람이기에 특정 불량품을 놓칠 수도 있다. 사람은 오랜 시간 일하면 눈이 피로해지고 지친다. 그 상황이면 실수가 발생할 수밖에 없는 것이다. 그렇기에 검사 기술 또한 자동화 시스템을 구축해놓는 것이 중요하다.

기존 검사
기술의 한계

검사 기술은 다음과 같이 진행된다. 우선 디스플레이나 반도체를 수많은 카메라로 찍는다. 기계에 카메라를 달아두고 자동으로 제품을 촬영하는 것이다. 이때 촬영하는 카메라는 상당히 고해상도다. 카메라가 고

해상도인 이유는 사람의 눈으로 확인할 수 없는 미세한 결함들도 식별할 수 있어야 하기 때문이다. 촬영 후 나온 사진은 카메라와 연결된 컴퓨터로 전송된다. 해당 컴퓨터에서 검사 프로그램을 통해 검사한다.

기존 검사 기술의 경우 데이터 기반이 아닌 규칙 기반이었다. 규칙 기반이란 사람이 결함의 특징을 일일이 코드화하는 것이다. 가령 검은 점과 같은 모양의 결함이 있다고 하자. 이미지에서 검은색 결함을 찾아낼 수 있는 필터를 사람이 직접 설계한다. 여기서 필터란 영상에서 특정한 특징을 추출해낼 수 있는 추출기라고 생각하면 된다. 영상은 픽셀로 이루어져 있고 이 필터와 수학적 연산을 통해 특징이 추출된다. 그렇기에 필터 설계는 수학적 지식이 요구되는 작업이다.

하지만 이 필터는 하얀색 결함이 들어올 경우 제대로 사용될 수 없다. 그래서 하얀색 결함을 찾아낼 수 있는 필터도 설계하기 시작한다. 검은색 결함, 하얀색 결함만이 다일까? 아니다. 결함은 너무나 다양하다. 동그란 결함, 빗살무늬 결함, 회색 결함 등등 모든 결함에 대해서 필터를 설계하는 건 불가능하다. 특정 결함에 대한 필터를 설계하는 것을 규칙을 만든다고 표현한다. 결함에 대한 규칙을 강화하면 할수록, 프로그램이 점점 무거워진다. 그러면 빠르게 진행되어야 할 검사 속도에도 문제가 생기기 시작한다. 규칙 기반 검사 기술에는 한계가 있는 것이다.

AI 검사, 무엇이 다르고
어떤 장점이 있을까

AI 검사 기술은 규칙 기반이 아닌 데이터에 기반한 검사를 하는 기술이다. 앞서 말했듯 결함의 종류는 무궁무진하다. 이런 결함의 정보도 데이터다. 데이터를 꾸준히 축적한다면 AI를 활용할 수 있는 시점이 온다.

결함 데이터는 이미지로 이루어져 있기 때문에 딥러닝 기술을 적용할 수 있다. 이미지가 들어오면 해당 이미지가 결함인지 아닌지를 분류하는 '분류 기술'을 사용하거나 이미지 내의 결함을 검출하는 '검출 기술'이 쓰이기도 한다.

이렇게 AI를 이용해 검사하는 기술을 딥러닝 검사 기술이라고 하자. 딥러닝 검사 기술을 사용할 경우, 규칙 기반 검사 기술에 비해 장점이 있다.

가장 큰 장점은 사람이 결함마다 특징을 찾아내는 필터 설계를 일일이 할 필요가 없다는 것이다. 그저 충분히 다양하고 많은 결함 데이터를 인공지능 모델에 학습시키면 된다. 그러면 인공지능 모델은 해당 데이터가 결함이라고 판단하도록 필터를 자동으로 설계한다. 인공지능 모델이 데이터를 통해 결함인지 아닌지를 학습하는 것이다.

두 번째 장점은 결함 데이터가 축적될수록 딥러닝 알고리즘의 성능이 점진적으로 개선된다는 것이다. 대체로 데이터가 많을수록 인공지능 모델의 성능은 향상된다. 더 많고 다양한 결함을 검출할 수 있다는 얘기다. 2016년 세계를 떠들썩하게 했던 인공지능 알파고는 대전을 많이 할수록 점점 더 승률이 올라갔다. 대전 데이터가 더 많아졌기에 보다 다양한 경우의 수를 예상하고 학습할 수 있었기 때문이다. 마찬가지로 결함을 검출하는 일을 많이 하면 할수록 검사 기술에 쓰이는 인공지능도 해당 분야의 전문가가 된다.

세 번째 장점은 프로그램이 복잡하고 무거워지는 일을 피할 수 있다는 것이다. 여러 규칙을 추가할수록 프로그램은 무거워지고 검사 속도도 느려져 문제가 된다. 또한 프로그램이 복잡해지면 유지 보수를 하는 데도 어려움이 많아진다. 하지만 딥러닝 검사 기술의 경우 결함을 판단하는 모델 하나만 제대로 설계하면 된다. 그렇기에 검사 속도도 빠른 동시에 유지 보수도 간편하다는 장점이 있다.

진정한 의미의 스마트팩토리

이처럼 AI 기술은 스마트팩토리에서 핵심을 차지한다. 그중 딥러닝 검사 기술에 대해서 이야기를 해보았다. 딥러닝 검사 기술을 이용할 경우, 휴먼

에러를 줄일 수 있을 뿐만 아니라 데이터에 근거한 검출로 보다 빠르고 쉽게 결함을 잡아낼 수 있다. 또한 딥러닝 검사 기술 자체는 학습이 진행됨에 따라 점진적인 개선이 가능하다. 이뿐만 아니라, 속도 또한 종래의 알고리즘에 비해 빠르고, 프로그램의 유지 보수 측면에서도 수월하다.

물론 스마트팩토리라고 하지만 모든 게 사람 없이 자동화로 진행되는 것이 아니다. 지금은 결함 데이터를 발견하면 해당 데이터를 결함이라고 표시해주는 레이블링 작업이나 인공지능 모델을 학습하는 등의 작업을 사람이 직접 담당한다. 초기에 엔지니어가 작업해야 하는 번거로움이 있는 것이다. 하지만 곧 다가올 미래에는 이 또한 AI가 담당하여 진정한 의미의 스마트팩토리가 실현될 것이라고 예상한다.

'스세권' 입지 찾기:
스타벅스 드라이브스루

차 안에서 즐기는 드라이브스루

차를 운전하다가 커피를 마시고 싶을 때가 있다. 그럴 때 어느 세월에 주차하고 다시 커피를 테이크아웃하겠는가. 이럴 때 유용한 것이 드라이브스루다. 드라이브스루를 이용할 경우 차 안에서 주문하고 커피를 쉽게 받아 갈 수 있다. 이런 편리함 때문인지 스타벅스 드라이브스루(스타벅스 DT)는 출시 이후 많은 사랑을 받아오고 있다. 차량으로 출퇴근을 하거나 드라이브를 즐기는 사람들이 주 고객이다.

2020년 9월에 스타벅스 DT와 관련된 프로젝트를 진행한 적이 있는데, 어떤 곳에 스타벅스 DT가 입점하면 좋을지에 관한 분석이었다. 입지 분석을 하기 위해서는 먼저 어떤 요인이 매출에 영향을 주는지를 파악해야 한다. 인공지능을 활용하면 어떤 특징이 중요한지를 알려줄 수 있지만, 그래도 초기에는 사람이 보고 해석해서 어떤 특징이 매출과 관련되어 있는지 조사하는 과정이 필요하다.

입지 분석을 위해 선택한 조건들

'스세권'이라는 말을 들어본 적이 있는가? 스타벅스가 들어서면 해당 지역은 땅값이 올라가고, 건물 가치가 상승하기에 이런 말이 나왔다. 스타벅스 DT는 드라이브스루이기 전에 스타벅스다. 그래서 스타벅스만의 매출 요인과 더불어 DT의 매출 요인을 함께 고려했다.

이와 관련해 내가 생각한 첫 번째 요인은 유동 인구다. 유동 인구란 말 그대로 해당 지역에서 유동하는 인구를 나타내는데, 주로 통신사에서 제공하는 데이터를 통해 확인할 수 있다. 통신 기기, 즉 통신사에 등록된 핸드폰을 가진 사람들의 동선 자체가 데이터다. 그렇기에 지역별, 성별, 연령별로 유동 인구를 수집할 수 있다. 이 유동 인구가 특정 시간, 특정 지역에 많다는 것은 그만큼 잠재고객이 많다는 것으로 해석할 수 있다. 또한 스타벅스의 주된 고객의 성별이나 연령대를 파악하고 해당 인구의 유동량을 파악할 수 있다. 이렇게 하면 보다 세밀한 정보를 얻을 수 있을 것이다.

두 번째는 DT 입지 분석에 중요한 요인인 교통량이다. 교통량은 해당 지역에 차량이 지나다니는 정도를 표현하는 양이다. 차가 많이 다닐수록 DT를 이용할 가능성이 높다. 사람이 직관적으로 보기에도 교통량은 중요 변수로 보인다. 앞서 유동 인구량이 전반적인 잠재적 고객 수라면, 교통량은 잠재적인 DT 이용 고객 수라고 할 수 있다. 교통량 데이터를 파악하는 게 쉽지 않아 일일이 웹사이트를 크롤링했던 기억이 난다. 그 과정은 고되고 지루한 감이 없지 않아 있었지만, 그래도 마지막에 구축된 데이터를 보니 뿌듯했다.

또 다른 요인으로 인근 아파트의 위치, 경쟁업체인 맥 DT와의 거리, 대중교통 접근성, 인근 토지나 건물 가격, SNS 데이터 등이 있었다. 여러 데이터 중에서 가장 핵심적인 요인을 뽑기 위해 상관관계 분석을 했다.

상관관계 분석이란 두 변수가 얼마나 선형적인 관계를 나타내는지를 파악하기 위한 분석이다. 가령 아파트 가격과 유동 인구수의 상관관계 분석을 했고, 그 결과 높은 상관관계를 나타냈다고 하자. 여기서 높은 상관관계가 나타났단 건 아파트 가격이 높을 경우 유동 인구도 높게 나타나고, 아파트 가격이 낮을 경우 유동 인구가 낮게 나타난다는 것으로 표현된다. 즉 두 변수 사이에 비례하는 정도를 수치로 표현한 것이다.

  이 수치가 높을수록 두 변수 사이의 상관관계가 높다고 할 수 있다. 그래서 변수들 사이의 상관관계를 비교 분석하고, 핵심적인 요인들만 추출하려 했다. 그리고 추출된 특징들에 근거하여 인공지능을 적용하려 했다.

분석을 방해하는 요소

그런데 이때 몇 가지 문제점이 있었다. 우선 정확한 정답이 없다는 것이다. 좋은 입지를 예측하려면 각 스타벅스 지점의 매출 데이터를 알아야 하는데 해당 데이터가 없었다. 이렇게 정답이 없을 경우 지도 학습을 이용하기에 어려움이 있다. 지도 학습은 1장에서 말했듯 정답지가 있어 정답지에 의해 지도되는 인공지능의 학습 기법을 의미한다. 그렇기에 지도 학습은 특징 데이터뿐만 아니라 지도할 데이터인 정답 데이터가 있어야 한다.

  스타벅스 입지 분석의 경우 앞서 말한 주변의 유동 인구나 교통량 등이 특징 데이터다. 여기서 해결하고자 하는 문제는 '해당 지역에 스타벅스 DT를 입점할 경우 높은 매출을 일으킬 수 있는가?'였다. 따라서 정답 데이터인 매출 데이터가 필요한 것이다.

정답 데이터를 구하기 어려워 이를 보완할 여러 시도를 했다. 우선 매출 데이터 대신 공시지가와 같은 다른 데이터를 이용하는 방법이 있다. 비교적 정확도가 떨어지긴 하지만, 그래도 유의미한 결과를 얻을 수 있었다. 한 지역을 특정하여 해당 지역에서 어떤 곳이 높은 매출을 일으킬 수 있을지 예측한 것이다. 매출로 추정되는 데이터가 과거에 비해 앞으로 더 큰 상승을 보일 곳이란 것도 알 수 있었다. 꼭 정답이 없더라도 이를 적절한 데이터로 대체할 경우 인공지능을 활용한 분석이 가능하다.

그뿐만 아니라 정답이 없는 비지도 학습을 통해 유사한 특징을 지닌 데이터들끼리 그룹으로 묶어주는 군집 분석을 시행하기도 했다. 이를 통해 높은 매출을 나타내는 지역들을 도출할 수 있었고, 해당 그룹의 특징을 분석했다. 해당 지역에서 우리가 중요한 특징 변수라 가정한 유동 인구나 교통량 등이 높게 나타나는 것을 확인할 수 있었다.

데이터를 적극 활용하자

매출 데이터를 분석하고 적정 요인을 파악할 수 있다면 매출을 예측하는 것도 요원한

일이 아니다. 매출 데이터가 없더라도 내가 그랬던 것처럼 유사한 데이터를 활용하면 된다. 혹 자사의 데이터가 있다면 이를 적극적으로 활용하자. 데이터는 활용했을 때 가치가 있는 것이지, 묵혀둔다고 해서 와인처럼 숙성되어 가치가 올라가지 않는다.

또 입지 분석을 위한 적정 알고리즘을 하나 만들어둔다면 굳이 스타벅스가 아니라도 다른 매장의 분석에도 유사한 방식으로 쓰일 수 있다. 초기에 수고가 어렵지 한 번 구축해놓으면 이후에는 일사천리다.

후기를 분석하다:
마약 베개

SNS에서 난리 난 마약 베개 대란

페이스북에 꿀잠 아이템으로 유명했던 마약 베개. 일파만파로 번져나가며 SNS를 중심으로 입소문을 타기 시작했다. 그러다 출시 21개월 만에 사용자 수가 120만 명을 돌파했다.

마약 베개는 어떻게 인기를 끌 수 있었을까? 데이터 과학자의 시야에서 이를 바라보고 분석해볼까 한다.

마약 베개의 성공 요인

이 상품이 시장에서 히트를 친 이유는 크게 2가지로 볼 수 있다.

첫 번째 성공 이유는 적절한 시기를 공략한 데 있다. 해당 시기는 수면 관련 시장이 성장세를 보일 때였다. 미국의 수면 시장은 일찍부터 활성화되어 2018년도에 이미 그 규모가 45조 원에 달해 있었다. 한국의 수면 시장 규모도 2018년에 약 3조 원으로 뛰어올라 1조 5천억 원을 기록했던 2014년보다 2배로 뛴 상태였다.

두 번째 성공 이유는 적절한 상품 선택에서 찾을 수 있다. 수면 시장에서 베개 산업의 규모는 어떻게 될까? 경기연구원 자료에 따르면, 미국 수면 사업 주요 부문 중 강세를 띤 부분은 매트리스와 수면센터, 수면무호흡장치, 의약품, 베개 등이다. 이 중 베개 산업은 16억 달러였다.

시장의 트렌드와 고객의 니즈 두 마리 토끼를 잡다

수면 시장 성장의 기저에는 수면장애가 자리 잡고 있다. 당시 수면장애로 인해 고통받

● 그래프로 살펴본 '수면 시장' 관련 수치

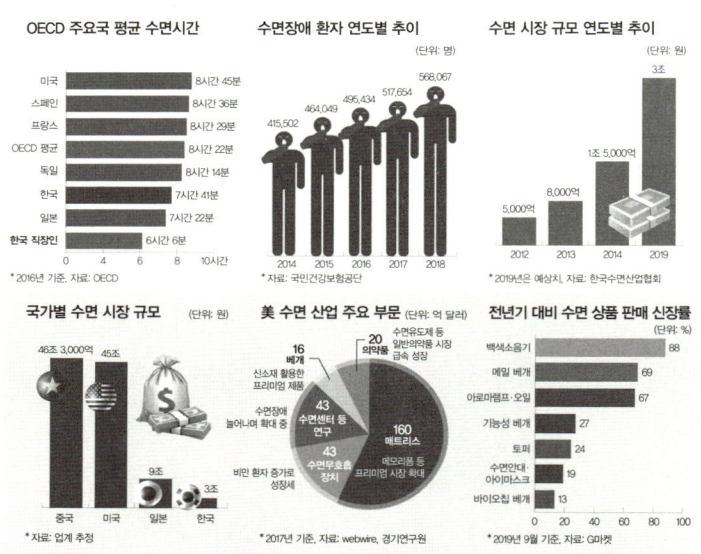

출처: "'꿀잠 잡아라' 수면산업 급부상 AI·빅데이터 접목한 '슬립테크'", 〈매경 이코노미〉 제2029호

는 사람들의 비율은 가파르게 늘어나는 추세였다. 국민건강보험공단의 자료에 따르면 2014년 대비 2018년 수면장애 환자의 비율은 37% 증가했다. 불면증, 기면증, 코골이, 수면무호흡증 등의 수면장애로 인한 수면 부족은 낮 동안 피로감, 졸음, 의욕 상실을 불러일으킨다. 일상생활에까지 지장을 받은 사람들은 어떻게든 이를 해결하고자 했고, 이런 니즈가 시장에 반영됐을 것이다.

이렇듯 베개라는 상품은 당시 시장의 트렌드와 고객의 니즈를 잘 반영했다. 마약 베개가 히트를 친 것도 이와 상관관계가 있다고 할 수 있다.

마약 베개의 경쟁력, 어떻게 확보했나

앞선 분석으로 성장하는 수면 시장과 베개라는 적절한 상품 선택이 마약 베개의 성공 요인임을 살펴보았다. 그런데 왜 하필 마약 베개일까?

마약 베개 대란이 일어난 2018년도에는 다양한 베개 상품들이 존재했다. 메밀 베개, 메모리폼 베개, 우유 베개, 바이오칩 베개 등도 있었다. 많고 많은 베개 중 마약 베개는 다른 상품을 이길 만한 어떤 경쟁력을 가지고 있었을 것이다. 그렇다면 고객은 마약 베개의 어떤 점에 끌린 것일까?

마약 베개의 어떤 점이 성공에 기여했는지 살펴보기 위해 후기를 분석해보았다. 후기에 담긴 고객의 목소리에 고객의 니즈가 담겨 있기 때문이다. 여기에 활용된 AI 기술이 바로 감성 분석이다. 이때, 당시 다양한 베개와 관련된 모든 후기 데이터를 모아보았다. 마약 베개가 출시되기 전에 사용자들은 어떤 니즈를 가지고 있었던 걸까?

AI 감성 분석 알고리즘을
이용한 후기 분석

사용자들의 후기 데이터에 감성 분석 알고리즘을 적용해보았다. 감성 분석은 인공지능을 이용해 텍스트 데이터에 담긴 감정을 분석하는 기법이다. 이 방법은 해당 문장이 긍정적인 의미를 띠었는지 부정적인 의미를 띠었는지 파악하는 것이다. 이 알고리즘을 토대로 긍정적인 문장/부정적인 문장으로 리뷰 데이터를 분류할 수 있다.

니즈는 불편함에서 온다. 그러므로 부정적인 문장을 살펴봐야 한다. 부정적인 문장에서 어떤 단어의 빈도수가 높은지 워드 클라우드(Word Cloud)을 통해 알 수 있다. 워드 클라우드는 빈도수가 높은 글자일수록 글자를 크게 표시해주는 시각화 방법이다. 워드 클라우드를 살펴본 결과 부정적인 문장 내에서는 '더러움', '불편함', '세탁', '사용감' 등이 사용자들이 많이 사용한 단어였다. 이를 통해 당시 베개에 대한 사용자의 니즈를 유추해볼 수 있다.

사용자들은 베개에서 위에 나열한 문제점을 느끼고 있었다. 사용해보니 불편하고, 집 먼지 등으로 베개의 오염을 걱정했으며, 더러워졌을 때 세탁하기도 번거롭다는 것이다. 즉 사용자들이 원하는 베개는 사용감이 좀 더 편안하면서도 세탁하기 간편한 것이었다.

● **단어 빈도수에 따른 워드 클라우드 분석**

알고리즘 분석을 적용하다

앞서 워드 클라우드에서 모인 부정 단어 '세탁, 냄새, 진드기, 지저분, 귀찮아서' 등에서 '세탁하기 불편함'이라는 고객의 니즈를, '목이 낮은, 높은' 등에서 사용감과 관련된 니즈를 뽑아냈다. 당시엔 알고리즘에 기반한 분석이 아니었을 것이다. 사람이 이를 직접 분석하여 니즈를 반영한 상품을 개발했을 것이다. 이 분석 결과와 실제 마약 베개의 특징을 비교해보면 마약 베개가 성공한 유의미한 이유를 알 수 있을 것이다.

   비교 결과, 마약 베개의 특징은 이런 후기 분석 결과와 일치하는 것으로 나타났다. 매우 흥미로운 결과가 아닐 수 없었다. 마약 베개는 세탁의 편리함을 제품의 특장점으로 강조한 것이다. 베개는 매일 쓰는 것인 만큼 쉽게 오염된다. 그러나 마약 베개는 토퍼를 벗길 필요 없이 통세탁이 가능하게 제작되었다. 청결함과 편리함이라는 고객의 니즈를 충분히 만족시켜준 것이다.

   이와 더불어 마약이란 단어는 한번 빠지면 헤어나올 수 없는 숙면을 연상시킨다. 이는 수면장애란 근본적인 원인을 해결해주는 단어다. 고객이 원하는 편안한 사용감을 만족시켰다. 마약 베개는 앞서 분석한 니즈 2가지를 모두 반영한 상품인 것이다.

   정리하면, 마약 베개는 사용자의 니즈를 적재적소에 공략한 것으로 볼 수 있었다. 수면장애 환자의 증가로 침구류 시장이 점차 확대되고 있는 시기였다는 점이 니즈의 하나였고, 그중 베개 시장의 규모가 확대되었던 환경도 있었다. 이때 사용자들이 평소 생각해오던 베개에 대한 니즈인 '청결함'과 '사용감'을 공략한 베개가 나타났고 이런 여러 요인이 작용해 마약 베개는 히트를 칠 수밖에 없었다.

AI 알고리즘, 기획 단계에서
어떻게 활용될 수 있을까

아마 마약 베개를 제조할 당시에는 AI의 후기 분석에 의지하지 않고 사람의 판단에 의해 마약 베개의 니즈를 찾아냈을 것이다. 사람이 일일이 여러 후기들을 비교하고 대조하는 작업을 거쳤을 것이다.

하지만 앞서 설명한 바와 같이 후기를 분석하는 AI 알고리즘을 이용한다면, 해당 니즈를 사람보다 정확하게 파악할 수 있게 된다. 그렇기에 AI 알고리즘은 상품 기획 단계에서 유용한 전략이 된다.

AI 알고리즘,
매출 예측에도 활용될 수 있다

매출 데이터가 있다면 마약 베개의 매출이 어떻게 증가할 것인지도 예측해볼 수 있다. 앞에서 나는 마약 베개의 주요 성공 요인을 사용감과 청결의 편리성 그리고 침구류 시장의 매출이라고도 가정했다. 그리고 후기분석과 더불어 인공지능에 기반한 감성 분석을 했다.

AI를 활용한 매출 예측은 다음과 같은 과정을 거쳐 나올 수 있다. 매출 분석을 위해선 예측에 필요한 데이터를 수치화할 필요가 있다. 그중 앞서 분석한 후기 데이터에 대한 수치화는 감성 분석의 결과로 이뤄졌다. 소비자들이 사용하기에 편안할수록 10점에 가까운 점수를, 불편할수록 1점에 가까운 점수가 부여될 것이다. 청결성 또한 마찬가지다. 청결과 관련해 긍정적일수록 10점에 가까운 점수를, 부정적일수록 1점에 가까운 점수를 준다. 이처럼 후기와 같은 텍스트 데이터도 감성 분석을 통해 수치화하여 표현할 수 있다.

후기 데이터 이외에도 침구류 시장의 매출 데이터 증가율이나 매출과 관련 있다고 여겨지는 데이터들도 수치화한다. 데이터가 준비되면 적절한 인공지능 모델을 선택하고, 인공지능에게 학습을 맡긴다.

AI를 학생이라고 비유해보자. 학생이 수학을 잘하려면 문제를 많이 풀어봐야 한다. 수학 문제지와 문제에 대한 답지가 주어져 있고, 여러 번 풀어보게 되면 실력이 늘게 된다. 이와 같은 원리다.

AI 학생에게 정답지는 무엇일까? 우리가 예측하고자 하는 게 정답 데이터다. 여기선 매출 데이터가 되겠다. 그렇다면 문제지는 무엇일까? 매출을 예측하기 위해 주어지는 변수들이다. 여기선 사용감, 청결성, 침구류 시장의 매출 등의 수치일 것이다. AI 학생은 다양한 문제와 정답을 풀도록 훈련받는다. 이때 AI 학생을 모델, 훈련하는 과정을 모델 학습이라고 한다.

문제를 풀었으면 시험을 봐야 한다. 모의고사를 치던 학생에게 수능이란 시험이 다가오는 것처럼, AI 학생에게도 연습 문제가 아닌 실전 문제가 주어진다. 과거 데이터가 아닌 현재 후기 데이터와 침구류 시장의 매출 등이 주어진 것이다. 앞서 훈련된 AI 학생, 즉 모델은 학습한 데이터를 바탕으로 적절한 정답, 즉 매출을 예측할 수 있다.

이 과정에서 알고리즘(AI 학생)의 종류는 다양해서 데이터나 문제의 유형에 따라 적절히 선택할 수 있어야 한다. 이때 다양한 인공지능 알고리즘 중 어떤 것을 선택할지나 변수들은 어떤 것을 선택할지 혹은 학습은 어떻게 할지 등은 데이터 과학자의 역량이다.

주의할 점이 하나 있다. 아무리 학생이 훌륭하더라도 엉뚱한 문제와 답안으로 학습하면 문제를 엉터리로 풀게 된다. 즉 AI 알고리즘이 학습하는 데이터가 양질의 것이라야, 예측한 결과의 정확도 또한 신뢰할 수 있을 것이다.

와인 추천은 이제 AI에게:
와인 앱 비비노

복불복
와인 고르기

가끔 친구의 집들이를 갈 때면 와인을 구매해서 가곤 한다. 나는 와인을 좋아하긴 하지만 관련 지식이 부족하다. 그래서 과거엔 어떤 와인을 살지 직원에게 물어봤었다. 산미가 있는지, 떫은 맛은 어느 정도인지, 달콤한 정도는 어느 정도인지 등에 따라 와인 종류도 각양각색이라 직원에게 어떤 와인이 맛있는지 물어보면 내 취향을 물어보고 그에 따라 적당한 것으로 추천해준다. 그런데 직원이 추천해준 와인이 맛있을 확률은 반반이다. 사람에 따라 취향이 엄연히 다르기 때문이다. 그래서 복불복으로 어느 날에는 친구들에게

칭찬을 받는 좋은 와인을 고르기도 하지만, 어떤 날에는 맛이 없다고 외면받는 와인을 고르기도 한다.

과거에는 직원에게 와인을 추천해달라고 했지만 이제는 더 이상 그럴 필요가 없어졌다. 와인의 사진을 찍으면 와인의 이미지와 텍스트를 인식해서 어떤 와인인지 분석해주는 앱이 나와 있기 때문이다. 바로 세계 최대 와인 커뮤니티이자 어플리케이션인 비비노(vivino)다.

비비노는 온라인 와인 시장 및 커뮤니티 와인 앱으로 안드로이드와 애플 기기에서 모두 다운로드가 가능하다. 비비노는 2010년에 설립되었는데, 2021년 현재는 약 1,360만 종 이상의 다양한 와인 데이터와 5,000만 명 이상의 사용자, 7,000만 개 이상의 리뷰 데이터를 지니고 있다.

비비노에서 매기는 와인의 평점은 5점 만점인데, 이 평점은 신뢰할 만하다고 평가된다. 사용자가 많아서 평점 데이터가 제법 크게 형성되어 있기 때문이다. 소수 사용자의 평가 점수라면 신뢰할 수 없기 마련이나, 5,000만 명 이상의 사용자라면 믿을 만한 수치라고 보아도 무방할 것이다.

성공적으로 안착한 와인 앱

비비노는 2016년 시리즈 B 투자를 유치받았으며, 2018년에는 2,000만 달러 규모로 시리즈 C 투자를 받았다. 시리즈 투자는 미국 실리콘밸리의 관행을 그대로 따온 개념인데, 시리즈 A에서부터 시작해서 B, C, D, E, F도 존재한다.

A는 초기 투자로 검증을 마친 후 시장 진출을 준비하는 단계다. B는 기술이 본격적으로 상품화되는 단계의 투자, C는 시장을 확장해갈 단계의 투자다. 이렇게 시리즈 투자는 알파벳 뒤로 갈수록 점진적으로 금액이 커지며 다음 단계를 밟아가는 투자인 것이다.

2020년 비비노의 매출은 2억 5,000만 달러까지 성장했으며 17개국에 와인을 판매하고 있다. 2021년에는 시리즈 D 라운드에서 약 1억 5,500만 달러의 자금을 조달받는 데 성공했다. 비비노는 온라인 커뮤니티로서도, 온라인 시장으로서도 시장에 성공적으로 안착한 셈이다. 그렇다면 비비노의 성공 비결은 무엇일까?

고객의 관점에서
니즈를 파악하다

부와 성공에 대한 통념을 뒤집어 탁월한 통찰을 보여준 독일 최고의 컨설턴트 도리스 메르틴은 《아비투스》(배명자 옮김, 다산초당, 2020)에서 인간 사회에는 사회적 문화적 계급이 존재한다고 말한다.

원래 '아비투스(Habitus)'란 사회학자 피에르 부르디외가 만든 개념으로 특정한 환경에 의해 형성된 성향이나 사고, 인지, 판단과 행동 체계를 말한다. 쉽게 표현해 친숙한 사회 집단의 습속이나 습성 따위를 뜻한다고 해도 좋다. 이런 의미에서 볼 때, 와인은 높은 계급, 상류층의 '아비투스'를 상징하는 것이라 볼 수 있다. 재즈와 클래식처럼 와인도 높은 계급의 아비투스를 드러내는 것일 수 있다는 이야기다. 바꾸어 말하자면 어느 문화, 어느 집단에서는 와인을 잘 모른다는 것이 문화적으로 낮은 계급에 속한다는 표현일 수 있다는 얘기다.

가령 소개팅 자리고 장소는 레스토랑이라고 가정해보자. 레스토랑에서 와인을 시킬 때 와인을 잘 몰라서 직원에게 추천해달라고 하는 남자가 있다. 반면 와인에 대해 잘 알아서 스스럼없이 브래드&버터(와인 브랜드 중 하나)를 주문하는 사람도 있다. 둘은 분명 비교가 되고 이런 작은 행동 하나가 향후 소개팅의 결과에도 영향을 미칠 수 있다. 요점은 직원에게 어떤 와인이 좋은지 물어보는 것도 누구에겐 쉬운 일이 아니라는 거다. 또한 낯을 가리거나 내향적인 사람의 경우 더더욱 와인을 추천해달라고 말하기가 쉽지 않다.

바로 이 부분에서 고객의 니즈가 발생한다. 비비노 앱의 출발은 와인을 추천해달라고 말하기 불편함과 번거로움, 누군가에게 대놓고 묻기는 어려운 지점을 공략하지 않았나 싶다. 와인에 대한 지식이 없어도 된다. 와인 사진만 찍으면 어떤 와인이 맛있는지 분석해서 알려주니, 나도 와인 전문가가 얼마든지 될 수 있다! 비비노의 성공 비결은 여기에 있을 것이다.

비비노가 노린 시장의 틈새

와인을 마시는 소비자에게도 일련의 CVC가 존재한다. 와인 매장을 방문하고 어떤 와인을 고를지 고민하거나 때로는 직원에게 추천을 부탁하고 와인을 구매한다. 그리고 와인을 집까지 들고 가고 마신 후 폐기한다. 이 고객 행동 중에서 비비노는 어떤 틈새를 발견한 것일까?

비비노의 경우 소비자가 어떤 와인이 맛있는지 물어보는 단계, 이 틈새를 발견하고 분리했다고 볼 수 있다. 직원에게 물어보는 과정은 번거로울 뿐 아니라 와인의 경우 어느 질문을 어떤 방식으로 해야 할지조차 판단이 안 설 때가 많다. 프랑스나 독일 같은 유럽산이 좋은지, 칠레나 아르헨티나 같은 남미산이 좋은지, 탄닌 성분이 많은 것이 좋은지, 달착지근한 와인이 좋은지 그리고 그 맛의 차이는 포도의 차이인지 대륙의 차이인지 등 알아야 할 것들이 워낙 다채롭기 때문이다.

애써 추천받은 와인도 직원의 취향을 따르므로 내 마음에 안 드는 경우가 많다. 비비노는 '이 과정을 보다 전문적으로 분리하면 어떨까?'라는 질문에서 시작되었다. 빅데이터에 기반해 대다수의 사람들이 맛있다고 판단한 와인을 추천한다. 수많은 비비노 유저들이 어떤 와인이 맛있는지 평가를 해놓은 것이다. 이를 보면 와인별로 순위까지 매길 수 있다. 어떤 와인을 고를지 추천받는 단계만을 따로 구분해두고 상당히 전문화한 것, 이는 CVC에서 고객 행동의 틈새를 찾고 시장의 틈새를 노린 것이라 할 수 있다.

비비노 앱에 쓰인
AI 기술

비비노 앱으로 와인의 라벨 사진을 찍으면 자동으로 와인 정보가 나온다. 이 과정에는 어떤 AI 기술이 쓰였을까? 여기에는 딥러닝이 쓰였다. 시각을 담당하는 과제에서 요긴하게 쓰이는 딥러닝 기술은 CNN(Convolutional Neural Network, 합성곱 신경망)이다. CNN을 통해 영상과 텍스트를 인식하고 어떤 와인인지를 판별, 분류한다. CNN은 엄청나게 많은 필터들로 구성되어 있는데, 이 필터들은 와인의 라벨에 쓰인 필기체를 인식하도록 학습되어 있다. 꼬불꼬불한 글자들도 순식간에 파악하고, 파악한 글자를 기반으로 자체 데이터베이스에 있는 와인을 검색한다.

그러면 유저는 해당하는 와인의 별점 평점과 더불어 와인의 맛과 특징을 확인할 수 있다. 와인이 제조된 날짜, 제조된 곳과 더불어 가벼운지 무거운지, 달콤한지 떫은지, 산미가 있는지 부드러운지도 점수별로 나온다. 비비노는 와인 커뮤니티이기도 하기 때문에 와인 점수를 알 수 있을 뿐만 아니라 빅데이터에 나의 의견을 추가할 수 있다. 새로운 와인을 맛보고 맛에 대해 리뷰하는 것이다. 일일이 와인을 보고 와인의 이름을 입력하여야 했다면 비비노는 이렇게 크게 성장할 수 없었을 것이다. AI를 이용해서 이름을 입력하는 과정을 사진 한 장을 찍는 행위로 대체했다. 그렇기에 비비노의 핵심 기술에 AI가 있다고 할 수 있다.

3장에서 말했다시피 AI 기술은 그 자체로 파괴적 기술이다. 파괴적 기술의 특성상 처음엔 정확도가 떨어지고, 주류 시장에서 외면당하는 성능을 지녔다고 앞서 설명했다. 초창기에는 비비노를 활용하는 것보다 와인을 직접 검색하는 게 빨랐을 것이고, '굳이 왜 사진을 찍으면서까지 와인을 검색해야 하지?'라는 의문을 가진 고객도 있었을 것이다. 하지만 이것도 도입 초기에만 그렇다. 파괴적 기술은 날이 갈수록 더 빠르고 쉽고 편리해지기 때문이다. 마찬가지로 비비노에서 도입한 와인 인식 기술은 점점 발전했고, 이에 따라 사용자의 인식도 변했다. 시간이 지나며 사용자도 직접 검색하는 것보다 AI 기술에 기반한 서비스를 이용하는 게 더 간편하다는 걸 인지한 것이다.

비비노도 처음에는 5천여 장의 이미지로 시작했지만 빠르게 데이터를 축적해갔다. 유저들에 의해 실시간으로 데이터가 추가되는 것이다. 2021년 6월 현재 비비노는 사용자에 의해 레이블링된 와인 사진만 16억 장 이상을 보유하고 있다.

빅데이터와 AI는 서로가 서로를 지지해주는 역할을 한다고 언급했었다. 데이터가 축적되어 갈수록 AI는 더 정교해지고 더 정확해지는 특성이 있는 것이다. 비비노 역시 빅데이터를 구축하게 되어 AI 와인 영상 인식 모델의 예측값은 상당히 정확하다. 모델의 성능은 데이터가 쌓여가는 지금 이 순간에도 점점 높아지고 있다.

실제로 나는 비비노를 자주 활용하는 편이다. 사진을 그다지 정교하게 찍지 않아도 알아서 잘 식별해준다. 그뿐만 아니라 속도도 빠르다. 사진을 찍고 나서 결과를 보는 데까지 얼마 걸리지도 않는다. 바로바로 와인의 빅데이터에 기반한 분석 결과가 나온다.

비비노의 성공 요인은 다른 비즈니스의 성공 요인과 마찬가지로 고객의 관점에서 니즈를 잘 파악한 데서 찾을 수 있었으며, 고객 행동의 틈새에서 시장의 틈새를 발견한 것이 주요했음을 알 수 있었다. 게다가 파괴적 기술로서 AI를 활용하기까지 했으니 성공할 만한 요인들은 두루두루 갖춘 셈이다.

AI 화가의 작품:
GAN 기술

앤디 워홀 작품보다 비싸게 팔린
AI 작가의 그림

2018년 10월, AI가 그린 초상화 〈에드먼드 데 벨라미〉가 경매에서 43만 2,500달러(약 4억 9,400만 원)에 팔렸다. 세계 3대 경매사 가운데 하나인 크리스티가 진행한 경매에서 나온 결과였다. 낙찰가는 크리스티가 애초 예상한 가격의 40배가 넘는 고액이었다.

믿기 힘든 건 이 작품이 경매장 맞은편에 있던 앤디 워홀과 로이 리히텐슈타인의 작품 낙찰가를 합친 것보다 2배나 많은 금액을 받았다는 것이다. 순수 예술로 분류되는 미술쪽에서도 AI로 가치를 창출할 수 있다니 놀라운 일이다.

무궁무진한 GAN의 기술

AI가 그린 그림이 실제 작품에 비해서도 뒤지지 않을 정도로 높은 평가를 받는 이유는 무엇일까? 내가 생각하기에 첫 번째 이유는, AI가 이 그림을 그리는 데 이용한 기술이 GAN이라는 점이다.

GAN은 Generative Adversarial Network, 즉 생성적 적대 신경망의 약자로, "생성 모델과 판별 모델이 경쟁하면서 실제와 가까운 이미지, 동영상, 음성 등을 자동으로 만들어내는 기계학습(머신러닝) 방식의 하나"를 말한다. 보통 GAN은 생성자와 판별자로 구성되어 있다. 위조 지폐범으로 비유되는 생성자는 감쪽같이 지폐를 만들도록 학습된다. 반면, 경찰로 비유되는 판별자는 위조지폐에서 진짜만 선별하고 가짜를 가려내도록 학습한다. 이게 미술 작품에 쓰이면 놀라우리만큼 감쪽같은 미술 작품을 생성해낼 수 있다.

처음에 AI 화가(생성자)가 그린 그림은 AI 감독관(판별자)에 의해서 쉽게 가짜라고 판별된다. 하지만 시간이 갈수록 그림은 점점 더 정교해지고, 나중에는 AI 감독관에 의해서도 실제인지 가짜인지 구분이 힘들어진다. 물론 AI 감독관도 그림이 정교해질수록 더 세밀하게 판별하게 된다. 이 때문에 AI 화가가 그린 그림은 점점 더 감쪽같아지는 것이다.

◆ AI가 그린 초상화 〈에드먼드 데 벨라미〉

출처: 오비우스

GAN 기술을 통해 학습한
데이터의 양도 어마어마하다

이 작품의 작가는 파리의 한 예술공학 단체인 '오비우스'의 프로그래머들이 개발한 AI다. 이 AI는 사람이 평생 그려야 할 정도로 많은 데이터(1만 5천여 작품)를 학습했다. 나는 화가가 아니라서 미술에 대해서 자세히는 모른다. 하지만 화가들이 수많은 작품들을 모사하며 실력을 쌓아간다는 사실은 알고 있다. 레오나르도 다빈치가 자연과 동물을 비롯한 다양한 사물을 그리려고 시도했던 것처럼 말이다.

마찬가지로 이 인공지능은 14세기에서 20세기에 그려진 그림 1만 5천여 작품을 학습했다고 한다. 어떤 사람이 과거의 미술 작품 1만 5천여 개를 모사해봤다면 어떨까? 유명한 '1만 시간의 법칙'에 따르면 어떤 분야든 1만 시간을 돌파하면 해당 분야에서 전문가의 반열에 오를 수 있다. 한 작품당 한 시간이라고 쳐도 1만 시간이 넘는다. 실제 사람이 이 그림을 다 그려봤다면, 그는 이미 상당한 실력자가 되어 있을 것이다.

AI가 작품을 학습하는 과정

AI가 작품을 학습하는 정도는 어떨까? 대충 훑어보고 마는 것일까? 아니다. 학습하는 정도도 사람보다 까다로우면 더 까다롭다고 할 수 있다. 한 작품을 완벽하게 모사하기까지 사람은 많은 시간이 걸린다. 많은 실패를 거듭하고 나서야 작품다운 작품이 나타나는 것이다. AI를 학습하는 과정에서도 이러한 시행착오가 적나라하게 드러난다. AI의 학습은 한 작품을 한 번만 보고 끝나는 것이 아니다. 특히 GAN 기술 같은 경우 적게는 100번에서 많게는 1만 번은 학습한다.

GAN 기술의 경우 임의의 숫자로 구성된 값에서 고해상도의

◐ 구글의 AI 화가 딥드림이 그린 작품

출처: google

이미지를 생성한다. 이미지의 해상도가 1,000×1,000이라고 쳐도 백만 개 픽셀로 구성되어 있다. 낮은 차원, 가령 1,000개의 숫자라고 하자. 이를 벡터라고 하는데 이 값에서 백만 개의 픽셀로 구성된 이미지를 생성한다. 무에서 유를 창조하는 것까진 아니지만, 아주 적은 데이터를 주고, 많고 정확한 데이터를 생성해내기를 바라는 것이다. 그러니 이러한 작업을 위해선 애초에 많은 신경망이 필요할뿐더러, 수만 번의 학습을 통해 각 신경망의 섬세한 조정도 필요한 것이다.

AI가 그린 그림이 높은 평가를 받는 이유는 이처럼 서로 경쟁하듯이 학습하는 알고리즘과 빅데이터가 만나, 수만 번의 학습 끝에 높은 퀄리티의 작품을 생성해내기 때문인 것이다.

창의적인 AI의 탄생

대개 사람들은 예술의 영역은 사람만의 고유한 분야라고 믿는다. AI나 로봇이 범접할 수 없는 영역이라고 말이다. 왜일까? 예술은 무언가를 창의적으로 생각하고 창조하기에 그렇다.

창의성은 인간만이 가질 수 있는 영역이라고 생각하는 것이다. 창의성의 사전적인 정의는 '새로운 생각이나 개념을 찾아내거나 기존에 있던 생각이나 개념들을 새롭게 조합해내는 것과 연관된 정신적이고 사회적인 과정'이다(출처 위키백과). 여기서 완전히 새로운 게 존재할 수 있을까? 나는 그렇지 않다고 본다.

스핑크스라는 상상 속의 동물도 사람의 얼굴, 사자의 몸을 조합한 것이다. 새로운 걸 만들어내는 게 아닌, 찾아냈다는 것은 기존 데이터에서 무언가를 발견했다는 의미이기도 하다. 완전히 새로워 보이는 것도 자세히 보면 기존의 것들을 다양하게 조합한 것일 경우가 많다.

앞서 AI의 특징을 살펴보았듯이 AI는 데이터를 통해 학습한다. 그리고 AI는 GAN과 같은 알고리즘을 통해 기존에 학습된 데이터를 조합해서 새로운 걸 만들 수 있다. 가령 이말년 만화의

◯ AI가 이말년 작화버전으로 그린 그림들

AI는 왼쪽의 사진을 입력받고 오른쪽 그림을 출력한다.
출처: github.com/bryandlee/malnyun_faces

작화를 AI에게 학습시키고 배우 브래드 피트의 사진을 입력값으로 넣으면 이말년 작화 버전의 브래드 피트가 나온다. 기존의 것들을 조합해서 새로운 작품을 만드는 것이다.

창조가 모방의 어머니라는 말이 있는 것처럼, 종래의 것들을 모방, 조합하는 것도 창작이 될 수 있다. 이렇게 기존에 있던 것들을 조합하는 면에서 AI는 누구보다 뛰어나다 할 수 있다.

GAN 기술은 산업에서 어떻게 쓰일까

이 외에도 GAN의 흥미로운 활용 사례는 많다. 특히 패션업계에서도 GAN이 쓰일 수 있다. 옷을 온라인으로 구매할 경우 그 옷이 나에게 잘 어울리는지를 미리 가늠하기란 어렵다. 옷을 구매하는 CVC를 보면 구매를 고민하는 구간은 가치를 잠식하는 구간이다. 잘 어울릴지 판단하기가 어려워 누군가 추천해줬으면 할 때도 있다. 그런데 아마존에서 이 틈새를 잘 캐치했다. GAN을 이용하여 선택한 제품을 온라인 상의 모델에게 입혀보는 온라인 피팅을 가능하게 한 것이다.

또한 의료 산업에서도 GAN은 활발히 쓰이고 있다. 의사는 환자의 엑스레이 촬영 영상을 보고 진단한다. 이는 빅데이터만 있다면 AI에게 맡길 경우 더 정밀한 진단이 가능한 부분이다. 하지만 의료 산업계에서는 환자의 신상 정보와 같은 민감 정보를 활용하기 어렵다. 이뿐만 아니라 의료 영상의 특성상 레이블링 데이터 구축에 시간과 비용이 많이 발생한다. 데이터 구축 과정에서부터 문제가 발생한 것이다.

마찬가지로 AI를 활용하는 사람의 CVC에 있어 데이터 구축 과정은 가치를 잠식하는 구간일 뿐이다. 3장에서 언급한 것처럼, 이 구간을 공략하는 데 시장의 틈새가 있다. GAN을 통해 의료 영상을 감쪽같이 합성한다면 개인정보보호 차원에서 문제될 소지가 없다. 또한 GAN은 소량의 레이블링 데이터와 레이블링되지 않은 다수의 데이터를 이용하여 학습하는 준지도 학습(Semi-Supervised Learning)을 가능하게 해준다. 그렇기에 데이터 구축에 드는 시간과 비용을 절감할 수 있다.

가령 코로나19로 인한 폐의 손상 유무를 영상을 통해 판별한다고 하자. 이때 학습 데이터로 누군가의 실제 영상이 아닌, GAN을 통해 합성한 영상을 이용하는 것이다. 또한 레이블링되지 않은 데이터도 준지도 학습에 활용될 수 있다. 이를 통해 의료업계에서는 기존 진단에 비해 좀 더 정밀한 진단을 한다. 그뿐만 아니라 데이터 구축 및 전처리 작업에 드는 시간과 비용을 절약할 수 있다.

GAN 기술이 활용될 분야는 무궁무진하다. 텍스트나 비디오에 적용할 경우 소설을 만들고, 감쪽같은 비디오를 생성할 수 있다. 또 음성 데이터를 학습할 경우 음악도 작곡할 수 있다. 더 나아가 특정 텍스트를 입력받으면, 이에 해당하는 이미지를 생성하는 기술도 가능하다. 예를 들어 '풀밭 위의 소년이 우유를 마시고 있다'란 텍스트가 입력되면 이를 묘사하는 이미지가 GAN을 이용해 생성되는 것이다.

사용자의 활용에 따른 GAN 기술의 미래

GAN 기술은 악용될 여지가 있다. 유명 연예인의 얼굴에 포르노 영상을 합성한다든가, 특정 정치인의 얼굴을 모사해서 메시지를 왜곡하는 데 쓰였던 딥페이크처럼 말이다. 그렇지만 가짜 영상을 생성하는 것만큼이나 가짜를 판별하는 기술도 함께 성장하고 있다. 물론 이런 기술이 발전한다고 해서 GAN 기술이 윤리 문제에서 자유로워진다거나, 윤리 문제에 대한 완벽한 해결책이 될 수는 없다.

　AI는 어디까지나 데이터를 활용할 수 있는 도구일 뿐이다. 도구는 쓰는 사람에 따라 효용이 달라진다. 그러므로 데이터 과학자는 윤리적 책임감을 지니고 올바른 용도로 기술을 활용해야 한다.

그러한 전제하에서 GAN 기술 또한 혁신을 주도하는 파괴적 기술이 될 수 있다. 아마존이 패션업계에 GAN을 활용한 방식이나 의료업계에서 GAN을 활용하는 방식처럼 말이다. 이를 이용해 분명 누군가는 기존의 프로세스를 개선하거나 새로운 것을 창조하는 방식으로 가치를 창출할 것이다. 그에 따라 사회는 성장해나갈 것이라고 믿는다.

뭘 볼지 고민하지 마세요:
넷플릭스 추천 시스템

방대한 콘텐츠를 지닌 넷플릭스

넷플릭스의 콘텐츠는 무척 방대하다. 한국 넷플릭스에서 서비스되고 있는 콘텐츠의 총 개수는 4,380개로 그중에서 영화가 2,923개, 드라마와 예능을 다 합쳐 1,457개라고 한다. 이렇게 많은 콘텐츠 중 어떤 걸 볼지 고민하는 것도 힘들 정도다.

나 같은 경우에는 우연히 에어비엔비를 이용할 일이 있었고, 숙소에서 넷플릭스를 이용할 기회가 생겼었다. 처음엔 뭘 볼지 몰라 한참을 헤맸던 기억이 난다. 하지만 한 번 이용하고 나서는 달랐다. 넷플릭스에서 자동으로 재밌을 만한 것들을 추천해줘서 선택 장애에 부닥치지 않고 편하게 콘텐츠를 시청할 수 있었다.

썸네일까지 추천하는
넷플릭스의 추천 시스템

넷플릭스의 영화 시청의 75%는 추천에 의해서 일어난다고 한다. 이 수치는 넷플릭스에서 추천 시스템이 얼마나 큰 역할을 하는지 보여준다. 그리고 넷플릭스의 추천 시스템은 사람에 따라 영화뿐만 아니라 같은 영화라도 배경 이미지까지 달리해 추천해준다.

얼마 전 넷플릭스는 출연진이 주로 백인인 영화인데도 불구하고 흑인 사용자에게 추천하는 이미지에 흑인을 등장시켰다. 이로 인해 인종차별로 논란이 일었다. 넷플릭스에선 머신러닝에 의해 추천된 결과일 뿐이라고 해명했지만 말이다.

넷플릭스에선 성별이나 연령대, 인종과 같은 개인정보를 수집하지 않는다고 한다. 논란의 여지가 있지만, 추측건대 아마 흑인 사용자는 흑인이 나오는 콘텐츠를 주로 보아서 알고리즘에 의해 그런 썸네일을 추천받은 게 아닐까 싶다.

드라마도 마찬가지다. 넷플릭스는 보는 사람에 따라 같은 드라마라도 메인 소개 이미지를 다르게 하여 추천한다. 어떤 사용자에겐 여주인공이 메인으로 등장하고, 또 다른 사용자에겐 남

주인공이 메인으로 등장하는 것이다. 이렇듯 넷플릭스에서의 AI 기반 추천 시스템은 매우 정밀하기로 유명하다. 넷플릭스에선 어떻게 이렇게 사용자의 취향에 맞는 정밀한 추천을 해주는 것일까? 이 추천 시스템에 바로 AI가 들어간다.

추천 시스템이란 무엇인가

추천 시스템은 크게 협업 기반 필터링과 내용 기반 필터링으로 나뉜다. 협업 기반 필터링의 경우 기존 사용자들의 데이터를 기반으로 한다. 가령 영화 〈타이타닉〉을 좋아하는 사람들이 영화 〈어바웃 타임〉도 좋아하는 경우가 많다고 하자. 이 경우 〈타이타닉〉을 본 사람에게 〈어바웃 타임〉을 추천해주는 것이다.

실생활에서 예를 들면, 고기를 먹고 후식으로 냉면을 먹는 사람도 있고 찌개를 먹는 사람도 있다. 만약 철수는 후식으로 냉면을 먹는 걸 좋아하는데 아이스크림도 좋아한다고 하자. 이제 영희가 후식으로 냉면을 먹는 걸 좋아한다고 한다. 영희에게 무엇을 추천해줄 수 있을까? 바로 철수가 좋아하는 아이스크림이다. 협업 기반 필터링은 사용자를 기반으로 하여 비슷한 성향을 갖는 사람을 파악한다. 그리고 그 사람이 좋아했던 항목을 추천하

◐ 협업 필터링과 콘텐츠 기반 필터링

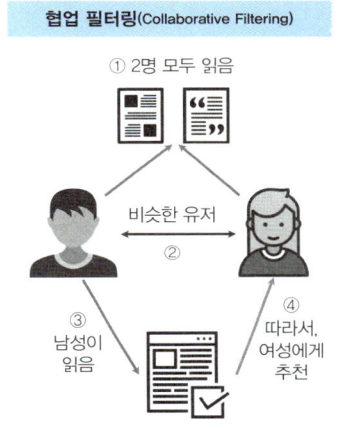
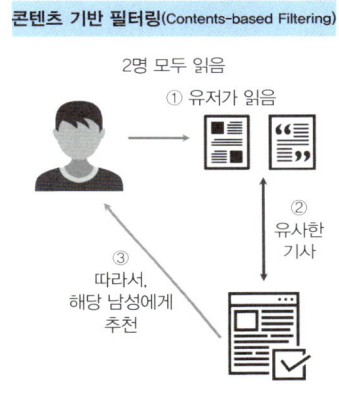

출처: Software carpentry

는 방식인 것이다.

　내용 기반 필터링의 경우 콘텐츠 자체를 분석한다. 예를 들면 〈타이타닉〉이란 영화 자체를 여러 태그를 지니도록 분석할 수 있다(비극, 재난, 로맨스, 레오나르도 디카프리오 등). 이에 기반하여 같은 비극이고 로맨스를 다루며 레오나르도 디카프리오가 출연한 〈로미오와 줄리엣〉을 추천해줄 수 있다.

넷플릭스 추천 시스템의
작동 원리

넷플릭스의 추천 시스템은 앞의 2가지 방식을 함께 사용하는 방식으로, 고도화된 '모델 기반 협업 필터링'이라고도 한다. 넷플릭스는 앞서 〈타이타닉〉을 여러 태그로 나누어 분석한 것처럼 모든 영화에 손수 태그를 단다. 이를 전문적으로 하는 태거(Tagger)도 있어 30명 가량의 태깅팀을 자체적으로 운용한다. 이렇게 만들어진 태그는 1,000개 이상, 태그를 조합하여 만든 마이크로 장르는 7만 6,987개라고 한다.

넷플릭스가 시장에서 인기를 얻기 전까지 영화의 장르는 몇 가지뿐이었다. 대표적인 장르로는 '로맨스', '호러', '액션', '코미디', '가족' 등이었다. 이제는 넷플릭스의 마이크로한 태깅 덕분에 세밀한 장르로 나뉘어지게 됐다. 가령 '유럽 배경', '강한 여성 주연', '실화 바탕', '베스트셀러 소설 기반', '일본 스포츠 영화' 등으로 말이다.

넷플릭스는 세세한 태그와 함께 협업 필터링을 좀 더 발전시켜 사용한다. 사용자들이 콘텐츠를 소비하고 남긴 평점, 좋아요, 시청 시간, 검색어, 시청 기록, 정지 시간, 재시청 유무, 영상 시청 기기 등을 수집한다. 이를 토대로 사용자들을 분류한다. 비슷한 시청 형태를 지닌 사용자들끼리 묶는 것이다. 이는 사용자의 행동 데이터의 기반이 된다.

행동 데이터는 영화마다 달린 세세한 태그와 함께 머신러닝 알고리즘에 입력되고 이를 기반으로 고도화된 추천이 이루어진다. 이용자가 서비스를 이용할수록 이용자의 취향에 대한 데이터가 축적되고, 추천 알고리즘은 보다 정밀해진다. 정밀한 알고리즘은 나보다 나를 더 잘 알게 된다. 사용자의 취향을 정조준해 준다. 그렇기 때문에 넷플릭스가 '나도 모르는 취향을 발견하게 해준다'라는 말이 나오는 것이다.

국내 넷플릭스의 위상

코로나19로 인해 넷플릭스와 같은 온라인 비디오 스트리밍 서비스인 온라인 동영상 서비스 OTT(Over The Top)가 더욱더 각광을 받고 있다. 최근 공개된 넷플릭스서비시스코리아 감사보고서에 따르면 넷플릭스는 2020년 국내에서만 약 4,154억 원의 매출을 올렸다. 2019년 매출액은 1,859억 원으로 124% 증가한 금액이다. 영업이익은 88억 원으로 전년 대비 295% 증가하였고, 순이익은 63억 원으로 전년 대비 427%나 증가하였다. 2020년 OTT 시장 점유율은 넷플릭스 53%, 웨이브 23%, 왓챠 5%, 티빙이 2% 정도로 넷플릭스는 세계

○ 넷플릭스가 수집하는 데이터의 종류

출처: Software carpentry

에서뿐만 아니라 국내에서도 높은 점유율을 보이고 있다.

이렇듯 각광받는 넷플릭스의 성공 요인은 무엇일까? 데이터 과학자의 입장에서 이를 살펴보고자 한다.

넷플릭스의 성공 요인

넷플릭스의 성공 요인은 크게 4가지로 나눌 수 있다. 우선, AI 추천 시스템이란 파괴적 기술 자체에 있다. '나보다 나를 더 잘 아는 넷플릭스 추천 시스템'이라고 불리는 파괴적 기술을 이용해 고객이 원하는 바를 명확하게 파악할 수 있다. 정밀한 추천 시스템은 다른 말로 타깃 고객을 정의하고 그들이 원하는 바를 명확하게 정의한 것이다. 앞서 3장에서 타깃 고객을 명확하게 하는 것이 중요하다고 말했던 주장과 일치한다.

두 번째로, 효과와 효율의 차이를 안 것이다. 스트리밍 서비스가 대세가 되기 전에는 넷플릭스는 제대로 된 효율을 추구할 수 없었다. DVD, 다운로드가 대세인 당시에는 스트리밍은 아직 먼 미래였다. 즉, 스트리밍에 투자할 당시는 투자 대비 손해가 날지도 모르는 상황이었다. 하지만 넷플릭스는 초기부터 효율을 바라지 않고 효과를 바랐다. 스트리밍이 결국 파괴적 기술이 될 것을 예견한 것이다.

세 번째로, 넷플릭스가 가진 아이디어 자체가 고객 행동의 틈새를 제대로 노린 것이기 때문이다. 우선 영화를 보는 사람의 입장에서 CVC를 살펴보면, 연체료를 지불하는 것은 고객 입장에선 화만 나는 일이다. 가치를 창출하는 단계가 아닌 것이다. 초창기의 넷플릭스는 이를 없애기 위해 DVD를 우편에 넣어 배송하는 서비스를 진행했다. 더불어 구독 서비스를 진행했고 말이다.

그리고 영화를 보는 사람의 CVC를 살펴보면 비디오를 대여하고 다시 반납하는 행위도 가치가 없다. 영화를 다운로드받는 시간 또한 가치가 잠식되는 구간이다. 이런 고객 행동의 틈새는 놀랍게도 스트리밍 서비스 하나로 대체될 수 있다. 다운로드받을 필요도 없고 다시 반납할 필요도 없어진 것이다.

이렇듯 고객 행동의 틈새를 통찰하고 이를 메울 만한 비즈니스 모델을 찾은 것. 이것이 넷플릭스의 성공 비결 중 하나가 아닐까 싶다.

네 번째로는 넷플릭스의 실험 정신이다. 넷플릭스는 시리즈를 제작하기 앞서 자신 있게 다음과 같이 말을 할 수 있는 유일한 회사였다. "잘될 것 같습니다. 우리 소프트웨어에 따르면 많은 시청자가 이 프로그램을 볼 것입니다. 시험 방송은 필요 없습니다."

대부분은 시리즈물을 만들기 전에 조심스럽게 행동한다. 시험 방송을 해보고 관객의 반응을 보는 것이다. 하지만 넷플릭스는 초기부터 고객이 영상 콘텐츠를 어떻게 평가할지를 예측하는 소프트웨어를 개발해왔다. 이 프로그램을 통해 직접 실험해보고 데이터를 수집, 분석한 것이다.

넷플릭스는 주변 사람들의 의견을 데이터로 받아들이는 실수를 저지르지 않았다. 주변 사람들 중 일부는 넷플릭스가 만든 콘텐츠에 대해 회의적이었는데, 일례로 "이런 나쁜 시리즈를 보려고 하는 사람이 있는지 어떻게 확신합니까?"라는 의견도 있었다. 하지만 넷플릭스는 이러한 의견에 휘둘리지 않았다. 의견이 아닌 기존 프로그램을 통해 축적된 데이터에 근거한 판단을 믿었던 것이다.

이제는 검색보다 추천의 시대

구글이 검색으로 혁명을 일으켰다면, 넷플릭스는 추천으로 새로운 혁명을 일으키고 있다. 검색을 하기 위해선 뭔가를 알아야 할 수 있다. 가령 보고 싶은 영화가 있는데 영화 이름과 배우 이름을 모른다고 하자. 그러면 대체 어떻게 검색할 것인가? 검색도 적절한 검색어를 알아야 하는 것이다.

하지만 추천은 사용자가 무엇을 검색할지 고민할 필요가 없다. 사용자가 원할 것 같은 것을 간추려 추천해주면 결정하는 데 드는 피로감을 없애준다. 이제 검색보다는 추천의 시대. 빅데이터 속에서 사용자가 원하는 데이터를 빠르게 찾아내는 것은 검색을 통해 가능했다. 이제 어떻게 사용자가 원하는 것을 파악하고 적절한 것을 추천할지를 고민해야 한다.

5장

데이터 사이언티스트가 가져야 할 7가지 요건

객관적으로
사고하기

**객관적인
사고 유형 T**

요즘에는 MBTI가 유행이다. MBTI에 따른 업무 스타일, 연애 스타일 등 다양한 분야에서 MBTI를 활용하고 이와 관련된 콘텐츠도 계속해서 나오고 있다. 나도 개인적으로 MBTI 성격 검사를 해본 적이 있다. 재미로 한 것이긴 하지만, 그중에서는 신빙성이 있는 부분도 있었다.

성격 유형에서 T(Thinking) 사고 유형과 F(Feeling) 감정 유형 2가지가 있다. 2가지 유형의 구분은 명쾌한데, T 유형의 사람이 F 유형보다 객관적인 스타일이라 할 수 있다.

가령 교통사고가 나서 친구에게 전화를 걸어 이 소식을 알린다고 하자. F 유형의 친구의 경우 다음과 같이 대답할 가능성이 높다.

"괜찮아? 다친 데는 없어? 많이 놀랐겠다."

반면 T 유형의 친구의 대답은 어찌 보면 삭막하게 보인다.

"보험은 들었어? 누구 과실이야?"

이렇듯 T 유형이 좀 더 감성보다 이성을 따라 판단한다. 참고로 나의 성격 유형도 T 유형이 나왔다.

가설을 세우고 검증하는 것의 중요성

데이터 분석은 객관적인 사고가 핵심이기 때문에 감성보단 이성을 따르는 사람이 데이터 과학자에 더 적합하다. 데이터 분석을 하다 보면 가설을 세우고 검증하는 행위를 반복하게 된다. 분석 과정을 살펴보자면 우선 어떤 문제가 있는지 사회현상을 관찰하는 데서 시작한다. 그리고 그 문제를 어떤 데이터를 통해 보여줄 수 있는지 명확히 정의해야 한다. 또한 정의한 문제를 어떻게 해결할 수 있는지도 설계해야 한다. 각 과정에서 가설과 이에 대한 검증이 들어간다.

예를 들어 서울에 미세먼지가 많이 발생한다는 사회현상을 관찰했다고 하자. 그럼 관찰에서 끝나는 게 아니라 문제를 정의할 수 있어야 한다.

그렇다면 '미세먼지를 측정하는 센서를 어떤 지역에 놓아야 국민들의 건강을 증진시킬 수 있을지'로 문제를 정의할 수 있겠다. 여기에서의 가정은 '미세먼지 측정기가 미세먼지를 감소시키는 데 이바지할 수 있다'라는 점이다. 이에 대한 검증이 필요하다. '어떤 데이터와 실험으로 이 가설을 검증할 수 있을까?'를 고민해야 한다.

위 문제를 좀 더 간단하게 축약해보자. 미세먼지를 측정할 적정 지역을 추천해주는 문제로 말이다. 이제 이 문제를 해결하기 위해선 어떤 데이터를 사용하고 어떤 분석을 할지 설계하는 과정이 있다. 문제를 해결하는 과정에선 어떤 가설을 세우고 검증하는 절차가 필요할까?

미세먼지 측정기를 설치할 곳은 미세먼지가 많은 곳이어야 한다. 그래서 미세먼지가 적은 곳은 추천 후보에서 제외한다고 하자. 이를 위해 미세먼지가 적은 곳을 데이터를 통해 파악할 것이다. 이를 위한 가설의 예는 '공원 주변은 나무가 많아 미세먼지가 적을 것이다' 등이 될 수 있다. 이 또한 가설이다. 마찬가지로 이를 검증할 만한 절차를 고민해야 한다.

가설에 대한 검증은
왜 중요한가

문제를 정의하고 해결해나가는 과정마다 가설을 세우고 검증하는 과정이 포함된다. 이 과정은 누군가에겐 너무 엄격해 보이고 어렵게 비칠 수도 있겠다. 하지만 데이터 분석가는 데이터를 통해 최대한 신뢰할 만한, 객관적인 근거로 상대를 설득할 수 있어야 한다.

가설에 대한 검증 없이, 혹은 여러 단계를 뛰어넘어 주관적으로 분석된 결과가 있다고 하자. 당신이라면 그 분석 결과를 신뢰할 수 있을 것인가? 검증 자체가 객관적이지 않고 엄밀하지 않다면 그 분석은 신뢰성을 잃게 된다.

객관적인 사고가
중요한 이유

객관적인 사고가 중요한 이유는 무엇일까? 가설을 세우는 과정 자체가 객관적인 사고를 요하기 때문이다. 사람에 따라 데이터를 바라보는 시선이 다르다.

예를 들어 매출 데이터를 본다고 하자. 해당 매출이 자신의 가게에서 발생했다면 바라보는 시선이 달라진다. 주관이 개입될 여지가 있는 것이다. 혹은 자신이 좋아하는 프랜차이즈 업체의 경우에도 사적인 선호도가 반영되어 데이터를 보는 시선에 영향을 줄 수 있다.

2가지 경우 모두, 데이터를 바라보는 특정 시각에 빠지게 된다. 특정 시각에 빠지게 되면 데이터를 낯설게 바라보지 못하기에 가정을 할 수 없다. 내가 현재 바라보는 시선이 어떠한지 놓치게 되는 것이다. 라식 수술을 받은 사람은 때때로 자신이 라식을 한 사실을 까맣게 잊는다. 안경을 항상 끼고 있었기에 안경이 없는데도 위로 올리는 시늉을 한다. 특정 시각에 빠진다는 건 이와 유사하다. 그 사람에겐 안경이 당연한 사실, 데이터를 바라보는 특정한 시각이기 때문이다.

가령 흡연 실태 파악을 위해 인구를 조사한다고 치자. 여기서 가정은, 우리가 가진 표본은 모집단을 대표할 수 있다는 것이다. 이를 확인하기 위해 표본이 모집단을 대표할 수 있는 정도를 통계학적으로 유추한다. 해당 가정을 검증해야 다음 절차로 넘어갈 수 있다.

이런 과정 없이 진행되는 분석은 자칫 의미 없는 결과를 도출할 수 있다. 마치 첫 번째 블록과 두 번째 블록 사이 거리가 멀어 닿지 않는 도미노 같다. 첫 단추를 제대로 끼우지 않은 것이다. 뒤에 아무리 도미노 블록을 쌓아봐야 소용없다. 초기 가정을 아예 건너뛸 수도 있다. 혹은 초기 가정에서 오류가 생길 수도 있다. 이러면 이후의 분석의 가치가 떨어진다.

이렇듯 데이터 분석에서는 가정이 중요하다. 하지만 객관적인 사고로 무장하지 않으면 이런 가정을 하는 과정 자체가 쉽지 않다. 그렇기에 객관적인 사고가 중요한 것이다.

그렇다면 객관적인 사고를 갖추기 위해서는 어떻게 해야 할까?

극단적으로
개방적일 것

2020년 12월경에 데이터 분석 관련 공모전을 준비했다. 동료와 아이디어 브레인스토밍을 했다. 그 과정에서 나는 프레임에 갇혔지만 시행착오 끝에 벗어날 수 있었다. 프레임에서 벗어나는 과정이 쉽지 않은데 어떻게 벗어날 수 있었을까?

첫째, 그 답은 개방성에 있다. 금융계의 거장으로 알려진 레이 달리오가 저서 《원칙 PRINCIPLES》(고영태 옮김, 한빛비즈, 2018)에서 하는 말이 있다. "극단적으로 개방적일 것". 개방성이란 타인의 말이나 행동을 수용할 수 있는 태도라고 생각한다. 개방적인 사람은 자신의 의견이 잘못됐을 가능성을 열어둔다. 다른 사람들의 의견에 대해서도 가능성을 열어둔다.

'당연함'이란 독을 제거하라

프레임에서 벗어나는 두 번째 방법은 당연함에 대해 '왜'라는 질문을 하는 태도를 갖추는 일이다. 데이터 분석 당시 하나의 가정을 했고, 그 가정을 검증하는 과정을 거쳤다. 가정을 하나 검증했다면 거기서 한 발 더 나아가야 한다. 이전 가정은 버리고 새로운 가정에 맞는 과정을 설계해야 하는 것이다. 하지만 이 과정까지 많은 단계를 겪었기에, 초기의 가정 자체가 '당연한 것'으로 인식될 수 있다.

흔히들 감사함의 중요성에 대해 역설한다. 세상에 감사할수록 보상이 뒤따른다고. 그런 감사함의 반대는 '당연하게 여기는 것'이다. 당연함은 일상에서도 마이너스가 되는 요소인 것이다.

마찬가지로 당연하게 여기는 태도는 데이터 분석에서도 독이 된다. 당연함이 자리 잡는 과정은 단순하다. 여러 사례나 근거로 어떤 명제를 납득하게 된다. 그 과정에 의심이 자리해야 할 곳에도 당연함이 자리를 꿰차게 된다. 가령 물은 과거엔 무료인 게 당연했다. 주변 도처에 널려 있는 게 물이니까(근거) 당연히 물을 사고팔 수 있을 리 없다고 생각했을 것이다. 하지만 시간이 지나고 세상은 변했다. 물에 대한 인식에도 변화가 일어났다. 이에 따르면 새로운 가설이 필요하다.

새로운 가설에선 이전에 했던 가정의 상당수는 무용지물이 된다. 세상의 변화에 발맞추지 못한 사람은 이전의 가정을 버리지 못하고 이내 뒤처진다. 반면 당연하게 생각했던 것에 대해 의심한 사람은 이전의 가정을 과감하게 버릴 줄 안다. 덕분에 물을 팔아 많은 부를 축적한 사람도 있을 것이다. 데이터 분석은 당연함에 의문을 제기하는 일이다. 당연함은 독이 된다.

개방적이지 못하고
당연하게 여기면 빠지게 되는 오류

객관성을 갖추기 위해 필요한 요소 2가지를 얘기했다. 극단적으로 개방적일 것과 당연시 여기는 태도를 경계하는 것이다. 이 2가지 요소가 어떤 식으로 쓰이는지 예를 통해 살펴볼까 한다.

가령 어떤 마을의 발전을 위해 사과나무를 심는 게 최적이란 사실을 가정했다. 어떤 토지에 어떤 주기로 물을 줄지에 대해서 설계도 했다. 그 결과 나온 사과를 어떤 식으로 유통할지까지 설계했다고 하자. 하지만 하필 그 마을에는 사과에 치명적인 벌레가 서식하고 있었다. 사과나무를 심을 수 없게 되었다. 그래서 이젠 사과나무가 아닌 감나무를 심기로 했다. 감나무를 심기로 했으면, 사과나무 재배와 관련된 가정 중 필요 없는 사항들은 버려야 한다. 하지만 나는 종종 그러지 못한다. 감을 유통해야 하는데 사과를 유통해야 할 것처럼 생각해버리는 것이다.

이전에 가정했던 사과 유통 과정은 당시에 합당한 근거로 설계된 과정이었다. 뇌에게 그 시기는 이미 '당연한 것'으로 입력됐다. 그 결과 다음 과정으로 가는 데 문제가 생기게 된다.

갇힌 프레임에서
빠져나오는 법

이런 문제에 봉착했다면 해결책은 하나다. '개방성'을 갖추고 '당연함에 의문 제기하기'로 상황에서 빠져나가는 것이다. 나의 경우 대부분 초기에 이 문제를 바로잡을 수 있었다. 그 결과 많은 시간을 단축할 수 있었고 보다 명확하게 데이터 분석 과정을 기획할 수 있었다.

내 프레임에 갇혀 생각하다 보면 당연함에 속게 된다. 프레임이 왜 생기게 되었는지를 잊을 때가 있다. 프레임이 생기게 된 이유가 단지 편의를 위해서라면, 혹은 이전 과정에서 도출된 것일 수 있다. 이럴 경우 프레임에서 벗어날 수 있어야 한다. 내가 프레임에서 벗어날 수 있었던 데에는 동료의 조언이 컸다.

앞서 말했던 빅데이터 캠퍼스와 관련된 공모전을 준비할 때의 일이다. 간접흡연의 위험을 줄일 수 있도록 흡연 부스와 같은 구역을 데이터에 기반해서 추천해주고 싶었다. 한참을 흡연 구역과 관련해 고민하다가 금연 구역을 조사하는 것이 적합하다는 걸 깨닫고 방향을 선회했다. 하지만 나의 머릿속에는 아직 흡연 구역 선정과 관련된 가정들이 남아 있었다. 이는 금연 구역과 관련된 분석에는 도움이 되지 않는 사항이었다. 하지만 나는 너무 골똘히 몰두한 나머지 이를 간과했다.

무엇이 잘못된 거 같은데 찾질 못했다. 그래서 옆 동료와 가정을 하나하나 되짚어 보고, 동료의 의견을 새겨들었다. 아차 싶었다. 왜 이런 오류에 빠지게 된 것일까 생각해보니 흡연 구역을 조사하는 당시에 했던 가정들에 빠져 있었다. 그 가정들을 검증하는 데도 많은 시간이 들었다. 그래서 그 가정이 옳다는 프레임에 사로잡혀 있었던 것이다. 하지만 오류에서 벗어나려는 나의 노력과 더불어 동료의 조언이 이를 벗어날 수 있게 해주었다. 나는 그때 개방성을 갖춘 것이다.

인간은 주관적이기에 자신의 사고의 틀을 벗어나기 쉽지 않다. 그래서 개방적이어야 한다. 직언을 아끼지 않는 현명한 사람과 사귀어야 하는 이유도 여기에 있다. 내 속에서 스스로 벗어나기 어렵다면 극도로 개방적이 되자. 타인의 생각을 받아들이고 그 관점에 서서 내 사고를 의심해보자.

개방성만 갖춰선 소용이 없다. 내 생각 중 당연한 것이 무엇인지 자문해보고 생각하길 멈추지 말아야 한다. 동료의 조언도 중요했지만, 프레임을 벗어나는 데 트리거 포인트는 평소 내가 가지고 있는 습관이었다. 나는 오류에 빠졌고, '이 가정을 왜 내가 당연하게 생각하고 있지?'라는 의문을 던졌다. 그제야 동료가 의문에 답해줄 수 있었다. 스스로 질문하지 않는다면, 주변 사람들의 조언도 들을 수 없다.

  돌이켜보면 내게 이런 의문을 가지는 습관이 없었더라면 위와 같은 질문을 던질 수 없었을 것이고, 프레임에서 빠져나오기란 어려웠을 것이다. 평소에도 스스로의 생각을 검토할 때, 내가 왜 이걸 당연하게 생각하고 있는지 자문해보자. 내가 왜 이런 가정을 했는지, 그 이유를 아는 게 핵심이다.

끊임없이 "왜?"라는
질문 던지기

데이터 과학자에게
인문학적 역량이 필요한 3가지 이유

데이터 과학자는 인문학적 소양을 쌓는 데도 게을리하지 말아야 한다. 우선, 인문학적 역량이 분석 기획 과정에 핵심적으로 쓰이기 때문이다. 데이터 과학자가 하는 데이터 분석은 고객의 니즈와 원츠를 파악하고 이에 맞게 데이터 분석 과정을 기획하는 일이다.

니즈와 원츠를 직역하면 각각 '필요'와 '욕구'다. 니즈는 사람들이 살아가는 데 있어 부족함을 느끼는 상태에 가깝다. 가령 차량을 운전하는 시간에 사람들은 여유가 부족함을 느낀다. 차량으로 운전을 하며 가는 통근길에도 무언가 생산적인 활동을 하고 싶은 것이다. 이때 원츠는 이러한 니즈를 구체적으로 충족시켜줄 수 있는 수단을 의미한다. 앞선 예에선 출퇴근 시간에 운전을 하는 대신 무언가 새로운 것을 할 수 있게 만들어주는 대상이다. 이에 해당하는 것은 지하철이나 버스를 비롯한 대중교통과 더불어 자율주행기술이 있겠다.

이런 니즈와 원츠를 파악하기 위해서는 고객 입장에서 사고할 수 있어야 한다. 이런 사고에 도움을 주는 것이 심리학, 마케팅, 철학 같은 분야에 대한 심도 깊은 지식이다. 그렇기에 인문학적 역량이 데이터 과학자에게 중요한 것이다.

둘째, 인문학적 역량이 중요한 또 다른 이유는 데이터에 대한 이해가 분석 과정에서 핵심이기 때문이다. 다소 비약이 있겠으나 기본적으로 데이터는 사람에 의해 생성된다. 다르게 말하면 데이터 분석은 사람의 사고나 행동을 분석해야 하는 일인 것이다. 그렇기에 사람에 대해 알아야 한다. 특정 계층에 속한 사람은 왜 그런 행동을 했고, 또 하는지 통찰할 수 있어야 한다. 이를 알려면 인문학적 교양과 지식이 바탕이 되어야 한다.

셋째, 분석 결과를 해석하는 능력에 있어서 인문학적 역량이 요구된다. 컴퓨터 프로그래밍 능력과 더불어 수학, 통계학 지식이 해줄 수 있는 건 데이터 분석이다. 데이터 분석에 대한 해석을 해줄 수는 없다.

데이터에 대한 심도 깊은 해석은 사람이 하는 것이다. 해석은 사람에 따라 각양 각색이다. 같은 데이터를 바라보더라도 그 사람의 시선과 시각에 따라 해석이 달라지기 때문이다. 인문학적 역량을 갖춘 사람일수록 앞서 말했듯 데이터에 대한 이해가 깊다. 그렇기에 사람에 대해 이해한 사람, 즉 인문학적 역량이 뛰어난 사람일수록 통찰력 깊은 해석이 나올 수 있다.

내 별명은 '물음표 살인마'

인문학의 시작은 질문이라고 한다. 그런 점에서 나는 '왜'라는 질문과 엄청 친숙하다. 질문이 거의 습관화가 돼서, 예전엔 주변에서 피곤해할 정도였다.

최근 같이 일하는 동료에게 들었던 말이 있다. "볼 때마다 되게 신기한 것 같아요. 모든 행동이 다 이유가 있잖아요. 샐러드를 먹는 것도 건강하기 때문에 먹는 거고요. 보통 사람이면 맛있으니까 그냥 먹는 건데 말이죠. 또 분석 과정마다 그 근거와 이유를 찾으려고 하죠. 모든 행동을 다 그렇게 이유를 가지고 하는 건가요?"

이유를 찾고 그에 따라 행동하는 것이 내게는 매우 익숙한 삶의 패턴이었는데, 주변 사람들에게는 이런 내 모습이 조금 낯설어 보였던 모양이다. 나의 이런 습관이 미칠 영향을 생각해본 결과 내 습관은 아주 좋은 결과를 가져오는 것이었다. '왜'라는 질문으로 이유를 찾는 일이 일상 속에 스며들면 좋은 점이 몇 가지 있기 때문이다.

첫째, 스스로에 대한 이해가 깊어진다. 질문은 나에 대한 이해를 높일 수 있다. 사람은 그 사람이 하는 '생각과 행동'으로 표현된다. 스스로 왜 그런 생각과 행동을 했는지 알 수 있다면, 깊은 내면도 이해할 수 있다고 생각한다.

자신이 하는 생각과 행동을 명확히 아는 이 같은 능력을 '메타인지'라고 한다. 즉 내가 아는 것과 알지 못하는 것을 구분하는 능력이다. 메타인지 능력이 있어야 자신을 객관화해볼 수 있다. 메타인지를 높이는 방법은 바로 나의 특정 생각과 행동을 왜 하는지 고민해보는 것이다.

스스로에 대한 이해를 깊게 하는 방법은, 스스로에게 질문을 하는 것이다. 가령, 나는 별명이 물음표 살인마다. 상대방에게 '왜'라는 질문을 자주 던져서다. 가끔 상대방이 그만하라는 신호를 보내도 눈치채지 못하고 계속하기도 한다. 이런 나의 행동에는 어떤 이유, 동기가 있었을지 고민해본 결과, 나는 호기심이 많고 깊게 파고들려는 성향을 지녀서 나의 호기심 충족을 위해서 타인에게 자주 질문했음을 알게 됐다.

간혹 내 지적 욕구가 타인의 배려보다 커질 때가 있다. 그만하라는 신호조차 무시하고 말이다. 이때 내 질문은 상대를 피곤하게 만든다.

　이제는 스스로에게 질문하려고 많이 애쓰고 있다. 아직 부족하지만, 그래도 많이 나아졌다. 뭐가 문제인지 파악했기 때문이다. 하루아침에 바뀌지 않지만, 나는 점점 더 나아지고 있다. 답이 없는 질문을 타인에게 던지지 말자. 나에게 던지자. 이렇듯 '왜'라는 질문은 나에 대한 이해를 깊게 해준다.

질문은 모든 '학문'의 출발이다

'왜'라는 질문으로 이유를 찾는 일이 일상 속에 스며들면 좋은 두 번째 장점은 세상에 대한 이해와 통찰력이 향상된다는 점이다. 심리학, 물리학, 화학 등의 학문은 사람의 심리, 물리적 현상, 화학적 현상 등의 '인과관계'를 설명한다. 사람은 어떠한 이유로 어떤 행동을 하고, 저 물체의 반응도 원인이 있기에 나타난다. 인과관계는 원인과 결과 간의 관계이다. 우리가 보는 현상들은 결과들이고 우리는 결과들에 '왜'라는 질문을 던져 원인을 찾는다. 즉 학문은 '왜'라는 질문에 대한 답이라고도 할 수 있다.

　또한 세상의 발전은 과학의 발전에 따라 급속도로 이루어졌다. 대표적으로 아이작 뉴턴의 사고를 살펴보자. '왜 나무에서 사과가 떨어진 걸까?'라는 질문이 있었기에, 만유인력의 법칙이 탄생될 수 있었다. 이에 파생하여 나타난 발명품들은 세상의 발전에 크게 기여하였다. 이렇기에 학문과 세상의 발전은 '왜'라는 질문과 밀접하게 관련돼 있다. 학문을 세상을 이해하기 위한 이론, 체계라고 본다면, 질문은 세상에 대한 이해, 즉 통찰력을 길러주는 도구라고 할 수 있다.

세상을 알게 해주는 습관의 힘

'왜'라는 질문은 변화의 첫걸음을 가져다준다. 웬디 우드의 《해빗》(김윤재 옮김, 다산북스, 2020)과 제임스 클리어의 《아주 작은 습관의 힘》(이한이 옮김, 비즈니스북스, 2019) 등에서는 습관의 중요성을 강조한다. 사람은 무의식적으로 습관을 따른다. 과거에 학습된 패턴에 따라 사고하고 행동하는 것이다. 이를 벗어나서 사고하고 행동하기가 쉽지 않다.

그런 의미에서 '왜'라는 질문은 도움이 된다. 내가 지속하는 행동에 대한 일종의 브레이크 장치로 작용할 수 있기 때문이다. 스스로 행동에 질문을 던지는 것이 변화의 출발점이라고 생각한다.

이렇듯 '왜'라는 질문을 통해 우리는 자신에 대한 이해와 세상에 대한 이해를 기를 수 있다. 그뿐만 아니라 변화의 첫걸음을 뗄 수도 있다. 지피지기면 백전불태다. 적을 알고 나를 알면 백번 싸워도 위태롭지 않다. '왜'라는 질문은 나를 알고 세상을 알게 해준다. 그렇기에 세상이란 전쟁터에서 절대 지지 않을 비장의 무기가 된다.

문제 해결을 위한
설득 즐기기

왜 설득해야 할까

데이터 분석에는 사람을 설득해야 하는 과정이 들어간다. 아무리 화려한 시각화와 논리적인 데이터 분석이 있다 하더라도 사람을 설득하지 못하면 소용이 없다. 데이터에서 왜 인사이트를 찾아야 할까? 문제를 해결하고 개선하기 위해서다.

데이터에서 인사이트를 찾고 문제를 발견했다고 하자. 그 문제를 해결하는 사람은 보통 따로 있다. 그를 설득해야 문제가 해결된다. 또는 직접 예측 분석을 통해 문제를 해결했을 수도 있다. 이때도 관계자를 설득해야 하는 건 매한가지다. 문제에 대한 해결책이 왜 해결책이 될 수 있는지를 적절한 논리와 함께 설명할 수 있어야 한다. 경우에 따라선 문제를 해결하는 데 쓰인 과정 자체를 납득시켜야 할 때도 있다.

대부분의 일은 데이터 과학자 혼자 하는 게 아니다. 데이터 과학자가 하는 일은 전체 일에서 일부분을 차지한다. 데이터에 기반해 의사결정을 내리기 위해서는 실무진과 경영진을 비롯한 전체 관계자들의 도움이 필요하다. 그러므로 누군가를 설득하는 역량은 데이터 과학자에게 핵심적인 역량이라고 할 수 있다.

A/B 테스트 도입이 필요했다

보통 데이터 과학자는 다른 부서의 사람들과 프로젝트 단위로 일하게 된다. 비록 짧은 시간에 개발하여 완성도가 높지 않지만 서비스까지 배포를 한 프로젝트가 있다.

당시 'StyleGAN2'라는 AI 기반 이미지 생성 기술이 뜨고 있는 상황이었다. 해당 기술을 한창 유행하던 MBTI 심리 검사와 접목시켜 흥미로운 콘텐츠를 생성해볼까 했다.

여러 의견이 나왔다. '해당 성격을 가진 사람의 이상형을 이미지로 보여주는 건 어떨까?' 혹은 '사람의 성격 유형에 따른 평균

적인 인상을 찾아 보여주자'라는 2가지 의견이 대표적이었다. 투표 결과 후자가 선정되었고, 소프트웨어 개발자와 디자이너가 합세하여 빠르게 팀이 꾸려졌다.

먼저 이미지 생성 기술에 기반해 성격 유형별 평균 인상을 도출해냈다. 이제 서비스를 해야 하는 단계인데, 사람들로 하여금 자발적으로 이미지를 올리게 하는 게 쉽지 않았다. 사람들에게 원본 이미지를 수집하지는 않는다는 말을 써놓아도 이미지 수집률은 저조했다. 그래서 나는 A/B테스트를 제안했다. 가령 A라는 문구는 '클릭하세요'였고, B라는 문구는 '업로드하세요'였다. A, B 문구에 대해 임의의 집단에 대해 A/B 테스트를 시행해보자고 했다. 그 결과 더 많은 선택을 받은 것을 문구로 선택하자고 제안했다.

일도 어디까지나
사람이 하는 것임을 명심하자

팀원들의 반응은 냉담했다. '별로 차이도 나지 않을 것인데 왜 그런 걸 해야 하나'라는 의견도 있었다. 또는 '개발자들의 일이 많이 늘어날 것이다'라는 우려도 있었다. 평소에 나의 지론은 '일은 사람이 하는 것'이었다. 이런 반대 의견에 폭정을 휘두를 것인가, 아니면 팀원들을 잘 설득하고 이끌 것인가? 선택의 기로에 섰다. 답은 단순했다. 나의 지론대로, 모두가 함께 가기 위해 팀원을 설득하는 것이다.

우선 그들을 논리적, 이성적으로 설득시키려 하기보단 그들의 감정에 공감하려 했다. 감성적으로 다가가기를 택한 것이다. 그들의 상황을 이해한다는 말을 했고, 급작스러운 도입에 대해 그들이 느꼈을 기분에 대해 공감을 표하고 사과했다. 그러자 팀원들이 어느 정도 진정한 모습을 보이고 화가 난 모습들이 풀어지는 게 눈에 보였다.

그러고 난 뒤에는 논리와 이성을 사용했다. 각 반대 의견에 대해 논리적으로 그렇지 않다는 사실을 차근차근 설명했다. 가령 오바마 대선 캠프에서 A/B 테스트가 효력을 낸 점 등을 들어 테스트의 효과를 설명했다. 또한 개발자들과 상의했으며, 해당 테스트 개발이 빠르게 이루어질 수 있음을 확인했다는 말도 덧붙였다.

이런 반대 의견들에 맞서 결국 설득에 성공했고 A/B 테스트를 시행할 수 있었다. 이렇듯 간단한 A/B 테스트를 도입하는 데도 사람들을 설득해야 한다. 이 설득은 비교적 쉬운 축에 속한다. 데이터에 근거하여 분석 결과에 대해 설명하고 설득해야 하는 경우도 많기 때문이다.

고전에서 배운다

설득은 쉽지 않다. 데이터 과학자는 데이터에 근거해 사람을 설득해야 하기에 더더욱 쉽지 않다. 데이터의 수치를 보고 통찰해야 한다. 나아가 이를 일반 사람들이 이해하기 쉽게 풀어 설명할 수 있어야 한다. 단순히 이성적인 설명으로 끝나는 게 아니다. 이는 마지막에야 필요하다. 실제로 중요한 건 호감을 사는 능력과 감성을 자극하는 능력이다.

아리스토텔레스는 《수사학》에서 설득의 3요소를 설명한다. 로고스, 파토스, 에토스가 그것이다. 데이터 과학자의 설득 방법도 이와 크게 다르지 않다.

로고스

로고스는 이성, 즉 객관적인 논리와 근거를 뜻한다. 수치를 해석하고 인과관계를 설명할 줄 아는 능력과 관계 있다. 데이터 분석 과정에는 각 가정들이 들어간다. 그리고 가정들을 검증하는 절차가 각 분석 과정에 포함된다.

이 모든 절차를 설계하려면 논리가 분명해야 한다. 분석 과정 자체가 논리적이라면 설명을 논리적으로 하는 것은 그리 어렵지 않은 일일 것이다.

파토스

파토스는 얘기를 듣는 사람의 감성이나 심리 상태를 말한다. 사람의 심금을 울린다거나 감성을 자극하면 설득할 수 있는 것이다. 수학적 지식이 아무리 특출나고 분석을 끝내주게 잘한다고 하자. 로고스를 갖춰 논리적으로 설명은 잘할 수 있겠다. 하지만 아무리 요리를 잘해도 먹는 사람이 없다면 요리의 의미는 퇴색된다. 아무리 말을 잘해도 들으려는 자세가 되어 있지 않으면 설득이 되지 않는 것과 같은 이치다.

상대가 들으려는 마음이 돼 있는지, 상황이 어떤지를 파악해야 한다. 상대의 아버지가 상을 당했는데 효도 상품이라고 안마기가 좋음을 설파한다고 하자. 상대의 귀에 그 말이 어떻게 들릴까? 그래서 파토스를 갖추어야 한다. 감성을 자극할 만한 능력을 갖추는 것, 이는 상대에게 공감할 수 있어야 가능하다.

에토스

마지막으로 에토스가 있다. 에토스는 상대방에게 호감을 사는 능력이다. 카리스마라든가 성품, 매력 등이 있겠다. 상대방이 나를 좋아하면 내 논리가 엉터리라도 설득이 될 때가 있다. 말을 개떡같이 해도 찰떡같이 알아듣는다는 속담과도 유사하다.

이성의 한계
인지 오류에 빠지다

아리스토텔레스는 설득의 3요소 가운데 에토스가 가장 중요하고 그다음이 파토스, 로고스 순으로 중요하다고 얘기했다. 사실 사람은 그렇게 이성적인 존재가 아니다. 대니얼 카너먼은 행동경제학의 창시자이자 노벨상 수상자로 유명하다. 그의 저서 《생각에 관한 생각》(이창신 옮김, 김영사, 2018)에서 인간 이성의 한계를 접할 수 있다. 23세에 MIT에서 뇌와 인지과학 박사 학위를 취득한 개리 마커스의 저서 《클루지》(최호영 옮김, 갤리온, 2008)에도 마찬가지 이야기가 나온다. 인간의 이성은 많은 편향을 가지고 있고, 그로 인해 우리는 인지 오류에 빠진다.

이런 편향에는 확증편향이나 동기에 의한 추론, 닻내림효과 등이 있다. 우선 '확증편향'은 자신의 가치관, 신념, 판단 따위와 부합하는 정보만 선택적으로 모으고 나머지는 무시하는 것이라 한다. '동기에 의한 추론'은 자신이 믿고 싶은 것을 훨씬 더 관대하게 받아들이고 그렇지 않은 것에 대해서는 더 까다롭게 따지는 것이다. 마지막으로 '닻내림효과'는 배를 고정하는 닻을 내리듯 초기에 제시되는 것이 일종의 선입관으로 작용해 판단에 영향을 주는 것이다.

제시한 3가지는 대표적인 인지 오류들에 속한다. 이 외에도 편향은 많다. 즉 인간은 이성적인 존재라기보단 감성적인 존재라는 것이다. 데이터에 기반해 상대를 설득할 때도 이 점을 명심해야 한다. 논리적으로 얘기하는 건 가장 나중이다.

상대를 설득하려면
에토스, 파토스, 로고스 순서

상대를 설득할 때 가장 먼저 고려해야 하는 것은 에토스다. 상대에게 믿음을 얻고 호감을 사야 한다. 그러기 위해 운동을 통해 체중을 적절히 유지하거나 옷을 단정하게 입는다. 이 외에도 목소리 톤을 연습한다든지 외적인 노력으로 변화시킬 수 있는 부분은 많다. 그다음이 파토스다. 상대의 상황을 이해하고 공감해줘야 한다. 가령 사람은 배가 고플 때 판단력이 흐려진다고 한다. 그래서 판사들의 오판율도 식후보다 식전에 더 높다고 한다. 이를 이용할 수 있다. 상대가 포만감을 느끼고 기분이 좋을 때 설득을 시도하는 것이다. 마지막이 로고스다. 이제야 데이터를 근거로 논리를 내세울 때가 된 것이다.

로고스뿐만 아니라
파토스와 에토스도 갖추자

데이터 과학자는 수치를 해석하고 분석하는 능력을 기르는 것만 해도 바쁘다. 그러니 파토스와 에토스는 나중 얘기라고 하는 혹자도 있을 수 있겠다. 그렇지만 내 생각은 다르다.

성인이 되고 나서 헤르만 헤세의 《나르치스와 골드문트》라는 책을 인상 깊게 읽었다. 나르치스와 골드문트는 각각 이 책에 등장하는 인물로, 일생 동안 감각적, 예술적 삶을 추구한 골드문트는 파토스와 에토스가 탁월했다. 정신적 삶을 추구한 나르치스는 로고스가 뛰어났다. 헤세는 이 두 인물을 감각, 감성 그리고 정신, 이성의 각 극단으로 묘사했다. 하지만 그 둘은 종국엔 서로 이해할 수 있고 조화를 이루게 된다.

우리의 삶도 마찬가지라고 생각한다. 이성과 감성의 적절한 조화를 추구해야 한다. 설득력은 한 극단에서 얻어지는 게 아니다. 골드문트가 그러했듯 보다 많이 사람을 만나고, 타인과 교류하자. 그러면서도 나르치스가 그러했듯 지식을 추구하고 로고스를 기르는 것도 게을리해선 안 된다.

다양한 데이터를 접하고
계속해서 분석하기

가능한 많은 데이터를 접해보라

하버드대학 케네디스쿨을 거쳐 옥스퍼드대학 교수로 재직 중인 빅토어 마이어 쇤베르거와 독일 경제전문지 기자 토마스 람게가 공저한 《데이터 자본주의》(홍경탁 옮김, 21세기북스, 2018)는 데이터가 자본이 되는 시대에 대해 얘기하고 있다. 저자들은 책에서 "21세기 권력의 핵심은 데이터다"라고 말한다.

데이터에서 가치를 찾아내고, 아이디어를 발견하고, 혁신을 이뤄낼 수 있기에 권력이 될 수 있는 것이다. 그렇기에 데이터에 대한 파악은 중요하다.

데이터 과학자로서 다양한 데이터를 접할 수 있는 환경은 중요하다. 물고기는 물이 풍부한 바닷속에서 더 활발하게 노닌다. 마찬가지로 데이터 과학자도 데이터가 다양하고 많은 곳에서 더 많은 일을 할 수 있다.

데이터도 종류가 다양하다. 금융 데이터, 부동산 데이터와 같은 정형 데이터에서부터 이미지 데이터, 음성 데이터, 텍스트 데이터와 같은 비정형 데이터까지 데이터는 무궁무진하다. 요즘은 모든 산업계에 AI를 도입하는 추세라 산업마다 데이터가 생기고 있다. 센서 데이터의 발달도 한몫하고 있다. 뭐든지 측정 가능하면 데이터가 되고 AI를 도입할 영역이 생기게 마련이다. 반대로 AI를 도입할 수 있으면 센서를 제작하여 도입하고, 데이터를 축적하는 것이다.

체형 데이터도 인공지능과 융합된다

요즘에는 3D 프린터 시장과 VR, AR 시장도 상당히 활성화됐다. 그래서 그런지 관련 데이터도 쏟아져 나오고 있다. 3D 스캔 데이터가 있으면 사람의 체형을 보다 정밀하게 분석할 수 있다.

2021년 8월을 기준으로 인바디 시장은 여전히 피트니스 관련 시장을 독점하고 있다. 하지만 인바디는 오차가 많아서 운동을 전문적으로 한 사람들 사이에선 그리 신뢰받지 못하는 데이터다. 곧 다가올 미래에는 체성분 분석에 3차원 신체 치수를 더해 보다 정밀한 체형 분석이 가능해질 것이다. 사람들의 체형 데이터가 계속 축적될 것이기 때문이다.

데이터가 쌓이면 체형에 따라 각기 차별화된 관리 서비스가 가능해질 것이고, 이를 기반으로 피트니스, 의료, 패션 분야 등에서 개인 체형 맞춤형 콘텐츠를 제공하는 기업이 나타날 것이다. 현재 이런 콘텐츠를 제공하는 대표적인 기업으로 '리모'가 있다.

리모의 3D 전신 스캔 데이터는 사용자의 다양한 체형 데이터를 기반으로 한다. 리모의 프로그램은 이를 바탕으로 고객들의 다양한 체형을 3D 아바타로 입체적으로 구현한다. 단순하게 몸무게와 체지방 수치만을 보여주는 게 아닌, 실제 몸의 변화를 가시적으로 보여주는 것이다. 단순한 수치보다 훨씬 직관적이고 사용자 입장에서도 와닿는다.

이렇게 체형 데이터도 3D, 인공지능과 결합하여 새로운 상품을 창출할 수 있는 것이다. 어떤 것이든 축적되면 데이터가 될 수 있다. 데이터가 축적되면 위 사례처럼 인공지능이 활약할 여지가 생긴다.

VR 데이터도 인공지능과 융합될 수 있다

2020년 2월, MBC에서 방송한 VR 휴먼다큐멘터리 〈너를 만났다〉를 얼마 전에야 우연히 보게 되었다. 세상을 떠난 아이를 잊지 못하는 엄마가 가상 세계에서 아이를 다시 만난다는 내용으로 감동적인 다큐멘터리였다.

해당 VR 콘텐츠에서 생성된 딸 강나연 양의 목소리는 AI로 생성되었다. 이 과정에서 나연 양 또래 아이 5명이 800문장씩 읽고 녹음해 10시간 분량의 데이터를 만들었다고 한다. 이 데이터와 더불어 영상으로 1분가량 남아 있는 녹음해둔 나연 양의 목소리를 추가했다. 데이터가 주어지면 딥러닝은 유사한 목소리를 내도록 학습할 수 있다. 그 결과 AI의 목소리는 나연 양의 목소리를 흉내낼 수 있었다.

VR 콘텐츠는 현실에 존재하지 않는 가상의 공간에 존재하는 콘텐츠로, 사용자의 오감을 자극하여 실제와 유사한 가상환경의 체험을 제공한다. 해당 VR 콘텐츠에서는 나연 양의 얼굴과 체형은 실제 존재하지 않지만 마치 실재하는 것처럼 볼 수 있도록 구현했다. VR 콘텐츠는 사람의 수작업으로 만들어지며, 이를 작업하는 데 7개월의 시간이 소요되었고, 1억 원의 인건비가 들었다고 한다. 이런 VR 콘텐츠도 데이터이기 때문에 시간이

● VR 휴먼 다큐멘터리 〈너를 만났다〉의 한 장면

출처: 톱스타뉴스

지날수록 축적될 것이다. 지금은 사람이 직접 제작해야 하는 번거로움이 많지만, 가까운 미래에는 이마저도 AI가 생성할 수 있을 것이다.

3차원 데이터도 인공지능과 융합된다

컴퓨터 비전은 기계의 시각에 해당하는 부분을 연구하는 분야다. 기본적으로 사람의 눈에 보이는 3차원 형체는 작은 점들이 모여 형체를 이룬 것이다. 이를 점들이 구름처럼 모였다고 해서 포인트 클라우드라고 한다. 이런 3차원 데이터가 AI와 융합되면 유의미한 일을 할 수 있다.

예를 들어 건설 현장에서 포크레인이나 불도저가 움직일 때 최적 경로가 중요하다. 경로에 따라 흙을 두 번 옮기는 등 일을 또 하게 되는 상황을 맞닥뜨릴 수도 있기 때문이다. 최적 경로를 산출하기 위해선 3차원 지형에서 어떤 부분이 지형인지, 혹은 도로인지, 나무인지 등을 알아야 한다. 사람의 눈으로는 식별할 수 있지만 기계에게 이는 쉽지 않은 일이다.

그래서 사람이 일일이 3차원 포인트 클라우드에서 어떤 부분이 지형이고 도로이고 나무인지를 레이블링한다. 알고리즘으로 이를 대체하기 어려우니 사람이 손수 작업하는 것이다. 희소식은 이런 상황이 반복되다 보니 3차원 빅데이터가 구축될 수 있었다는 것이다. 빅데이터가 등장하면 따라오는 녀석이 있다. 바로 AI이다. AI가 개입할 여지가 생긴 것이다.

3차원 빅데이터를 토대로 AI 모델을 지도 학습시킨다. 그러면 학습된 모델은 어떤 점들이 지형에 속하는지, 혹은 도로나 나무에 속하는지를 사람보다 정확하게 구분할 수 있게 된다. 중간에 사람이 손수 레이블링하는 과정이 생략된 것이다. 이를 토대로 최적 경로를 설계하는 일은 한결 쉬워질 수 있다.

다양한 독서로
트렌드를 파악하라

앞서 살펴본 예들처럼 AI와 연관될 수 있는 산업은 무궁무진하다. 많은 데이터를 접해 본 사람일수록 유리하다. 한 사람이 모든 데이터를 만지기에는 한계가 있다. 이를 도와줄 수 있는 가장 빠른 길이 책이나 논문을 읽는 것이다. 데이터 분석이나 빅데이터, AI와 관련된 경영 서적을 읽어야 한다. 해당 책에서 소개한 분석 사례나 비즈니스에 활용된 사례 등을 유심히 살펴보자. 또한 책에서 무언가를 배웠다면 실제 업무에 적용할 수 있어야 한다.

다양한 데이터에는 트렌드도 포함된다. 또한 데이터 분석의 주제를 정할 때 최근 트렌드에 대한 관심과 파악은 필수다. 가령 코로나로 인해 변한 라이프 스타일을 다루고자 한다고 하자. 최근의 트렌드에 대한 파악이 돼야 주제를 잡을 수 있다.

2021년 8월 현재 가상의 아바타를 통해 사람들과 소통할 수 있는 메타버스 시장이 활성화됐다. 또한 캠핑족이 급증했다. 5인 이상 모임이 금지됨에 따라 소수 모임이 늘어나고, 와인의 소비량이 늘어났다. 덕분에 서점에 가면 와인과 관련한 서적도 눈에 띄게 늘어났다. 호캉스를 즐기는 사람도 늘어났다. 또한 20대 사이에선 아침에 운영하는 애프터클럽이 유행하게 됐다. 밤에는 영업장들이 문을 닫기 때문이다.

이런 트렌드를 알고 있으면 어떤 데이터를 조사해야 할지 역으로 추적할 수 있다. 데이터를 통해 나온 결과가 알고 있던 트렌드와 다를 때도 있어 흥미롭다.

독서만큼 트렌드를 파악하기 유용한 게 있을까? 서점에 들어가면 다양한 분야의 진열대가 있다. 자기계발 분야, 비즈니스 경제 분야, 소설 분야, 과학 분야, 인문학 분야 등 각 분야에서 베스트셀러로 등극한 책들의 제목만 살펴봐도 트렌드가 파악된다.

책을 쓰고 있는 지금은 미국 주식이 대박을 치는 시기다. 그래서 그런지 서점에 가면 미국 주식과 관련한 책들이 넘쳐난다. 책쓰기와 관련된 붐도 일어나고 있어서 그런지 책쓰기와 관련된 책도 많이 보인다. 이렇듯 독서를 통해 다양한 데이터 사용 사례를 접함과 더불어 트렌드를 파악할 수 있다.

끊임없이 파고들어
방법을 찾기

분석은 끊임없이 파고드는
것과 관련 깊다

 분석이란 무엇일까? 한자어로 보자면 나눌 분(分)에 쪼갤 석(析)이다. 수많은 데이터에서 패턴을 찾아내기 위해 분류하고 또 쪼개서 하나하나씩 살피는 것이다. 이런 분석과 파고드는 성향은 어떤 관계가 있는 것일까?

 나누고 쪼개는 행위는 점점 더 깊게 들어가는 행위와도 관련 깊다. 트리 구조를 아는가? 트리 구조는 데이터 구조의 일종이다. 전체의 형태가 나무 모양이고, 노드라고 부르는 각 마디에 데이터를 축적할 수 있는 구조다.

 다음 그림에서 숫자가 들어간 원이 트리 구조의 노드에 해당

◯ 트리 구조

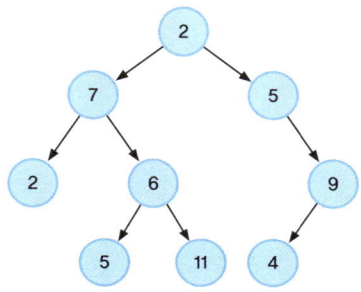

출처: 위키백과

한다. 가장 위에 있는 노드인 번호②가 루트 노드가 되겠다. 가령 커피를 분석한다고 해보자. 커피는 산미가 있는 커피와 그렇지 않은 커피로 나눌 수 있다. 이를 노드에 적어보면 번호②가 커피라면 번호 ⑦은 산미가 있는 커피, 번호 ⑤는 산미가 없는 커피로 나눌 수 있을 것이다. 그 하위로도 나누는 기준에 따라 산미가 있는 커피 중에서도 원산지에 따라 분류할 수도 있고 말이다.

이런 식으로 계보를 타고 내려가는 행위가 나누고 쪼개는 행위인 분석이다. 나누고 쪼개다 보면 깊이 있게 파고들 수밖에 없다. 그러니 분석하는 행위와 파고드는 행위는 일맥상통한 부분이 있는 것이다.

파고드는 핵심은
끈기와 실행력

이처럼 분석은 파고들어야만 할 수 있는 일이다. 파고들다 보면 문제를 해결할 실마리가 보인다. 즉 분석력은 문제해결력과도 관련 있는 것이다.

나는 어렸을 때 부터 지독하게 하나를 파고들었다. 수학 문제가 안 풀리면 한 자리에 앉아서 풀릴 때까지 2시간이고 3시간이고 시간을 보냈던 기억이 있다. 직장 생활을 할 때도 그랬다. 당시 내가 하던 일은 AI를 이용하여 디스플레이의 결함을 검사하는 작업이었다. AI가 디스플레이 영상을 보고 어디에 결함이 있는지 빠르게 찾아낸다. 이걸 결함 검출이라고 한다. 제조 공정에서 사람의 눈을 대신하기에 스마트팩토리의 일환으로 볼 수도 있다.

이 작업은 검사 속도가 생명이다. 빠르게 생산되는 라인의 속도에 맞춰 결함을 검출해내지 않으면 안 된다. 하나의 디스플레이를 생산하는 데 주어진 시간은 한정되어 있다. 이후에도 계속해서 디스플레이를 생산해서 공장의 생산성을 유지해야 한다. 속도를 제대로 맞추지 못하면 그만큼 생산에 손실이 일어나고 이는 공정상 큰 문제가 된다.

그때 당시 공정상 문제가 있었다. 그렇기에 다음 날까지 검사 속도를 2배 이상 끌어올려야 하는 상황이었다. 당시 검사 알고리즘을 수정하고 또 시뮬레이션했다. 속도가 막히는 부분을 찾고 코드를 개선했다. 당시에 시간 가는 줄 모르고 날을 지샜던 기억이 있다. 남들은 다 그만하면 됐다고 포기하자고 얘기했었다. 밤이 되고 시간이 지나며 동료들은 모두 퇴근을 했다. 하지만 나는 조금만 더 하면 실마리가 잡힐 것 같아 도무지 자리를 뜰 수 없었다. 잡힐 듯 잡히지 않는 무언가가 너무나 답답했다.

혼자 남은 나는 결국에 새벽이 돼서야 문제를 해결했고 다음 날을 기분 좋게 맞이할 수 있었다. 그 이후로 조직 내에서 좀 더 인정을 받게 된 것 같다. 파고드는 나의 성향을 이용해 문제를 해결한 것이다.

하나하나 쪼개서 꼼꼼하게 파악해보다

AI 검사 기술과 관련된 개발을 할 때였다. 완벽하게 돌아가야 할 코드가 자꾸 에러가 났다. 어디서 에러가 났는지 확인을 해봐야 했다. 그러나 누군가가 오픈소스의 형태로 공개한 코드를 활용하는 터라 쉽지 않았다. 다른 사람이 만든 코드를 분석하기 위해 디버깅(Debuging)이란 작업을 했다. 프로그램이 오동작하게 만드는 버그를 잡아내고 색출하는 게 디버깅이다. 어떤 부분이 문제인지 파악하는 과정인 것이다.

보통 내가 짠 코드를 디버깅하는 것보다 남이 짠 코드를 디버깅하는 게 더 어렵다. 전체적인 구조를 파악하고 있어야 하기 때문이다. 드러나지 않는 오류를 찾아내기 위해선 마땅한 방법이 없었다. 그래서 중간의 결과물을 일일이 다 출력했다. 이를 입력값과 일일이 비교해보았다. A4 용지로 10장가량 되는 분량이었다. 그 종이는 숫자로 가득 차 있었다. 마치 옛날에나 있었던 전화번호부를 일일이 대조하는 일과 같았다. 전화번호부 2권을 놓고, 10장을 일일이 하나하나 대조한다고 생각해보자. 일일이 대조하기로 한 것도 결코 쉽지 않은 결정이었다. 그렇게 한다고 해서 문제를 해결할 수 있다는 확신도 없었다. 그저 작은 실마리라도 잡기 위해 그렇게 했다.

중간에 같이 일하는 동료가 한숨 쉬며 얘기했다. 이렇게까지 해야 하는 거냐고 말이다. 그렇지만 너무나 답답했다. 해결될 듯 말 듯 하면서 아른거리는 무언가가 있는 것 같았다. 마치 삼겹살을 먹고 나서 고기가 송곳니 사이에 낀 느낌이었다. 이쑤시개로도 빠지지 않는 살점이었다. 하나하나 비교해보며 분석해본 결과 어디에서 오류가 발생한지 알 수 있었다. 그 오류를 수정하는 데만 꼬박 4시간은 걸린 것 같다. 사소하지만 중요한 버그였어서 이를 해결한 순간 엄청 뿌듯했던 기억이 난다.

내가 분석력을 기른 방법

그렇다면 분석력을 기르는 방법은 무엇일까? 첫째, 나는 끈기를 기르는 것을 추천한다. 무술을 배울 때 기본이 제일 중요하다고 한다. 기본이란 체력이다. 그래야만 다양한 동작들을 소화할 수 있기 때문이다. 무술뿐만 아니라 수영, 체조, 음악, 공부 모두 체력과 같은 기본기가 탄탄해야 한다. 분석력도 마찬가지다. 파고들기 위해선 끈기란 기초체력이 필요하다.

두 번째론 문제해결력을 기르는 것이다. 문제를 해결하기 위해선 나누고 쪼개며 명확한 것을 차츰차츰 늘려나가야 한다. 내가 아는 것과 모르는 것을 명확하게 나눈다. 그리고 아는 것을 바탕으로 모르는 영역을 점차 지워나간다. 그러면서 문제를 해결하는 것이다. 문제를 해결하는 과정 자체에서 분석력이 쓰이니, 분석력이 자연스레 길러질 수밖에 없다.

백준이나 프로그래머스 같은 사이트에는 코딩 테스트를 위한 문제들이 많다. 간단한 문제도 있지만 기본적으로 1~2시간은 고민해야 할 문제도 있다. 문제를 풀기 위해 몇 시간 깊이 고민해보자. 끈기와 더불어 문제해결력이 동시에 길러진다. 파고들 수 있는 에너지가 생기는 것이다.

분석력이 지나치면

과유불급이라 했다. 뭐든지 지나치면 독이 된다. 하나를 깊숙이 파는 성향에서일까? 나는 멀티 테스킹이 잘 안 된다. 데이터 분석을 하다 보면 여러 가지 일을 동시에 처리해야 할 때가 있다.

초반에는 이런 일로 스트레스를 많이 받았지만 나중엔 요령이 생겼다. 여러 가지 일이 산재할 경우 우선 순위를 정해서 하나씩 끝마치는 것이다. 분석력이 너무 과중해서 걱정할 필요는 없다. 하나씩 처리하면 된다.

기술 발전 속도에
뒤처지지 않기

새로운 기술에 대한 학습력

새로운 기술에 관심을 갖고 빠르게 학습할 수 있는 사람이 데이터 과학자로서 적합하다. 왜 새로운 기술일까? 우선, 새로운 기술을 파악하지 못할 경우 정체될 위험이 있기 때문이다. AI 분야의 발전 속도는 기하급수적이다. 과장을 좀 보태면 자고 일어나면 어제 알던 기술이 오늘에는 쓰일 수 없을 정도로 뒤처진 기술이 된다. 기술 발전이 너무 빠르기에 그렇다.

혁신적인 기술이었지만
과거의 기술이 된 사례

AI 분야의 기술 발전이 빠르단 걸 보여주는 예로 GAN, 즉 생성적 적대 신경망기술이 있다. 이안 굿펠로(Ian Goodfellow)라는 저명한 AI 개발자가 만든 것으로, 해당 기술이 발표된 2014년 당시에 이는 혁신적이었다. 이안은 캐나다 몬트리올에 위치한 한 선술집에서 동료들과 술을 마시며 토론을 하던 중 GAN이라는 아이디어를 떠올렸다.

GAN은 생성자와 판별자라는 2개의 네트워크가 있다. 이 두 네트워크가 서로 경쟁함으로써 더 좋은 품질의 데이터를 생성한다. 지폐를 예로 들면 쉽다. 생성자는 위조 지폐범이고, 판별자는 위조지폐를 식별하는 감별관이다. 위조 지폐범과 감별관은 서로 경쟁한다. 감별관은 진짜 같은 위조지폐를 식별하는 능력이 점점 늘어난다. 위조 지폐범은 점점 더 진짜 같은 지폐를 만들 수 있게 된다. 이런 원리로 GAN이 이미지에 적용되면, 생성자는 감쪽같이 진짜 같은 이미지를 생성해내는 것이다. 사람 얼굴 이미지를 학습하면, 데이터상에 존재하지 않는 새로운 얼굴 이미지를 창조해낼 수 있다.

그런데 문제점이 있었다. 생성 이미지의 품질이 떨어진다는 점이다. 이는 2015년에 등장한 알렉 래드포드(Alec Radford), 루크 메츠(Luke Metz), 수미스 친탈라(Soumith Chintala)가 공저한 논

◯ GAN이 생성한 얼굴 이미지

출처: NVIDIA

문〈심층 합성곱 GAN을 사용한 비지도 표현 학습(Unsupervised Representation Learning with Deep Convolutional Generative Adversarial Networks)〉에서 보완된다. 여기에 쓰인 네트워크를 DCGAN이라 한다. 기존 이미지 분류에서 탁월한 성능을 보이던 합성곱 신경망(CNN)을 GAN에서도 응용한 것이다.

물론 DCGAN은 기존 GAN의 아이디어에서 출발했다. 하지만 고작 1년 사이다. 2014년에 등장한 GAN은 이제 밑바탕 기술이 되어버린 것이다.

DCGAN 또 이후 등장하는 여타의 다른 기술들에 의해 뒤처진다. 그 기술들의 밑바탕이 되긴 했지만 말이다. 비교적 최근

◐ StyleGAN에 의해 생성된 얼굴 이미지

출처: NVIDIA

인 2019년에 NVIDIA에서 발표한 〈GAN을 위한 스타일 기반 생성기 아키텍처(A Style-Based Generator Architecture for Generative Adversarial Networks)〉에 쓰인 StyleGAN의 기술은 정말 감쪽 같았다. 자세히 들여다봐도 실제 존재하는 얼굴 같다.

이 기술의 개선된 버전으로 다음해인 2020년에 StyleGAN2가 소개된다. 마찬가지로 Nvdia에서 작성한 〈StyleGAN 이미지 품질 분석 및 개선(Analyzing and Improving the Image Quality of StyleGAN)〉

이란 논문에 소개된 기술이다. 이 기술 또한 같은 해에 등장한 〈제한된 데이터로 GAN 교육하기(Training Generative Adversarial Networks with Limited Data)〉보단 성능이 뒤떨어진다. 끊임없이 새로운 기술이 나오고, 이전 기술은 뒤쳐진 기술이 된다. 지금 자신이 알고 있는 기술을 너무 과신하면 안 된다. 이 분야에서 자만은 더욱 독이 되는 것이다.

새로운 기술이 무조건 좋을까

물론 무조건 새로운 기술이 이전 기술보다 성능이 좋다는 것은 아니다. 단 아는 데 활용하지 않는 것과 몰라서 활용을 못하는 것은 다른 문제다. 새로운 기술을 파악했는데, 현재 여건상 기존 기술이 더 적합하다고 검토가 됐다. 그럴 경우 기존 기술을 그대로 활용하면 된다. 또한 새로운 기술은 끊임없이 나오고 있으니 이때는 새로운 기술을 적극 검토해봐야 한다. 검토 결과 좋은 기술이면 빠르게 도입해야 하는 것이다. 적토마가 있는데 굳이 조랑말을 고집할 필요가 없다.

신기술을 파악하면
성능이 향상된다

신기술에 대해 파악하고 있다면 어떤 점이 좋을까? 우선, 앞서 말했듯 기존 기술에 비해 성능 향상을 꽤 할 수 있다. 새로운 기술은 대부분 이전 기술의 문제점을 개선하거나 더 발전한 것이다.

앞서 소개한 StyleGAN에 의해 생성된 얼굴 이미지를 자세히 보면 뭔가 결함이 보인다. 논문에선 물방울 모양의 흔적이 나타난다고 한다. 이 문제점을 StyleGAN2가 해결한다. 이처럼 새로운 기술은 기존 기술의 업그레이드된 버전으로 기존 기술을 대체할 수도 있다.

창조적 사고는
기존 아이디어에서 나온다

새로운 기술을 파악하고 있으면 기존 기술과 새로운 기술의 융합을 통해 새로운 아이디어를 이끌어낼 수 있다. 창조는 기존 아이디어를 융합해서 나온다. 앞서 소개한 DCGAN이 그러한데, DCGAN은 2012년 〈심층 합성곱 신경망을 통한 ImageNet 분류(ImageNet Classification with Deep Convolutional Neural Networks)〉에서 소개된 CNN 기술과

2014년에 소개된 GAN 기술을 융합한 것이다. 이미지를 인식하는 분야에서 CNN은 탁월하다. 그렇기에 GAN에서 CNN을 활용할 경우 이미지 생성도 잘할 수 있을 거라 생각한 것이다.

이런 융합은 여러 분야에 걸쳐 나타난다. 그러므로 한 분야에 관련된 기술뿐만 아니라 다른 분야의 기술도 알고 있는 게 좋다. 딥러닝은 컴퓨터 비전, 자연어 처리, 추천 시스템, 프로세스 마이닝 등 분야가 다양하다. 자연어 처리는 주로 텍스트 데이터나 음성 데이터를 다룬다. 이 분야에서 주목받았던 기술이 아시시 바스워니(Ashish Vaswani) 외 8명이 공저한 논문 〈Attention만 있으면 된다(Attention Is All You Need)〉에 수록된 'Attention' 기술이다. 이 기술은 이미지 데이터에서도 똑같이 쓰일 수 있다. 이미지에 쓰인 CNN 기술이 자연어 처리에서 쓰일 수 있듯이 말이다.

최신 논문을 읽어라

인공지능 분야의 논문은 누구에게나 공개된다. 또한 코드도 누구에게나 개방된 오픈 소스로 되어 있다. 그래서 그런지 이 분야는 기존 연구 분야를 바탕으로 새로운 연구를 하기가 상대적으로 쉽다. 폐쇄적이지 않고 공개적인 연구 분위기인 것이다. 그렇기에 새로운 기술을 빠르게 받아들이고 학습하는 능력이 중요하다.

하지만 최신 논문이 워낙 많이 쏟아지다 보니 모두 다 읽고 소화하기는 쉽지 않다. 그러므로 자신의 주력 분야를 선정하고 이 외의 분야는 책을 통해 읽는 걸 추천한다. 내 주력 분야는 컴퓨터 비전으로 주로 이미지 데이터를 다룬다. 이 분야의 논문은 주기적으로 찾아 읽는 편이다.

공부 기록용으로 블로그를 운영해도 좋다. 나는 기록용으로 짧막하게 논문을 요약한 글을 올리기도 한다. 나머지 자연어 처리와 추천 시스템, 강화 학습 같은 주력 분야 이외의 분야는 책을 참조한다. 주력 분야 이외의 것들을 모두 논문으로 소화하기는 벅차다. 한글로 작성된 책을 읽고 파악하는 게 훨씬 효율적이다.

코드를 분석하라

이 분야의 경우 최신 논문과 함께 대부분 코드도 공개되어 있다. 남이 짠 코드를 파악하는 게 더 어려울 때가 있다. 코드를 a 부터 z까지 다 파악할 필요도 없고 그럴 시간도 없다. 문제를 해결하고자 할 때 필요한 코드가 어디인지 알고 이를 활용할 줄 알면 된다. 이게 더 중요하다. 때로는 성능 향상을 위해 코드를 변경해야 할 때가 있는데 그럴 때는 전체적인 코드 파악이 중요하다. 자신만의 프레임워크를 만들어두고 다양한 코드를 이에 맞추는 것도 공부가 된다. 코드 종류가 워낙 많다 보니 나는 가능한 경우 나만의 프레임워크를 구축해두는 편이다.

아이디어가 나올 수 있는
시간 마련하기

유레카
경험

"그래 이거다!" 헬스클럽 안 목욕탕에서 나도 모르게 소리쳤다. 머릿속에서 아이디어가 마구 샘솟았다. 뿌옇고 안개 같던 머릿속이 깨끗하고 명쾌해진 것이다. 나는 아르키메데스가 목욕탕을 발가벗은 채로 뛰쳐나오며 '유레카!'라고 외쳤던 것과 유사한 경험을 했다.

어떤 일이 있었던 것일까? 일화를 설명하기에 앞서 데이터 과학자에게 있어 아이디어와 창의성은 어떤 역할을 하는지 말할까 한다.

우리에게 창의성이 필요한 이유

앞서 말했듯 AI의 기술 발전은 굉장히 빠르다. AI가 여러 산업 영역에서 보여주는 성능도 탁월하고 이를 활용하는 방안도 무궁무진하다. 그런데 어떻게 활용할지는 사람의 머릿속에서 나온다. DCGAN처럼 기술과 기술을 결합하여 새로운 기술을 창조할 수 있다.

또한 책이나 신문에서 읽거나 혹은 꿈에서 본 착상을 연구에 접목할 수도 있다. 마치 케쿨레(19세기 독일의 화학자)가 벤젠의 분자 구조를 꿈속에서 알아낸 것처럼 말이다. 당시에 벤젠의 분자 구조는 화학계의 난제 중 하나였다. 계속해서 벤젠의 분자 구조를 생각하다가 잠이 든 케쿨레는 꿈속에서 한 마리 뱀을 발견한다. 뱀은 꿈틀거리며 자기 꼬리를 물어 둥근 모양을 만들었다고 한다. 벤젠 고리의 분자 구조도 뱀이 꼬리를 문 둥근 모양이다. 그렇게 케쿨레는 오랜 세월 자신을 괴롭히던 문제를 해결할 수 있었다.

이렇듯 데이터 과학자에게는 아이디어를 내는 능력, 즉 창의성이 중요하다. 그렇다면 어떻게 창의성을 가질 수 있을까?

좌뇌와 우뇌를 모두
사용할수록 창의적

한 연구진은 창의성과 뇌 기능의 관계를 밝히기 위해 서울 소재 대학생 579명을 대상으로 뇌기능 선호 성향 검사와 창의적 능력 검사를 했다. 그리고 좌뇌 점수만 높은 좌뇌형, 우뇌 점수만 높은 우뇌형, 좌뇌와 우뇌 점수 모두 높은 양뇌형, 두 점수 모두 떨어지는 열등형으로 분류했다. 실험한 결과 가장 높은 창의력을 보여준 그룹은 양뇌형 그룹이었다(이홍·박은아·전윤숙, '뇌기능과 창의력 간의 관계', 〈교육학연구〉, 2004).

흔히 우뇌와 창의성이 관련 깊다는 이야기를 많이 들어봤을 것이다. 우리는 평소에 순차적이거나 논리적인 업무를 볼 때는 좌뇌를 사용한다. 그러나 열심히 일만 계속한다고 해서 아이디어가 나오는 게 아니다. 뇌과학적인 관점에서 볼 때 워커홀릭은 좌뇌를 혹사하는 사람이다.

좌뇌를 한동안 사용했으면 좌뇌를 휴식시켜주고 우뇌를 활성화해줘야 한다. MSC 브레인 컨설팅 안진훈 대표의 말에 따르면, 휴식을 취하거나 클래식 음악을 들을 때 우뇌가 활성화된다고 한다. 아인슈타인도 하나의 문제에 골몰하긴 했지만, 휴식도 창조적으로 취했다. 문제를 풀고 나서는 바이올린을 켜거나 피아노를 즐겼다고 한다. 아르키메데스가 증명했듯이 아이디어는 휴식할 때 나온다는 말이 괜한 말이 아닌 듯하다.

좌뇌를 휴식하자
얻게 된 아이디어

나는 퇴근 이후에도 난제를 일상 속으로 가지고 다녔다. 머릿속에선 일 생각이 떠나가질 않았다. 그 당시 내가 골몰하고 있었던 건 검사 기술 연구에 관한 문제였다. 검사 기술 연구에서 세그멘테이션(segmentation) 방법이 쓰일 때가 있었는데, '어떻게 하면 검사 속도를 향상하고 더 정확하게 검출을 할 수 있을까?'라는 질문이 계속 꼬리에 꼬리를 물었다.

세그멘테이션은 딥러닝의 과제 중 하나로, 이미지를 픽셀 단위로 분류하는 과제다. 가령 어떤 사과 이미지가 있다고 하자. 거기서 사과를 구성하는 픽셀들은 모두 사과로 분류될 것이다. 사과가 아닌 배경에 속한 픽셀들은 모두 배경으로 분류한다. 디스플레이에서 결함을 찾고 결함의 특징 정보를 뽑아낼 때는 이 방법을 사용하는데, 문제는 검사 속도였다. 이미지 단위로 분류를 하는 게 아닌, 픽셀 단위로 분류를 하기에 속도가 느렸다.

그러다가 새로운 구조(아키텍처)가 떠올랐다. 빠른 속도로 결함을 검출하면서도 정확도를 잃지 않는 방법이었다. 해당 방법을 토대로 나는 새로운 검사 알고리즘을 만들고 이를 토대로 프로그램을 개발했다. 해당 알고리즘은 아무도 시도하지 않았던 것이었다. 단순한 아이디어였지만 구현하기는 쉽지 않았다. 구현을 위해 여러 논문과 코드를 참고했고 여러 번의 실험을 거쳐서야 만들어질 수 있었다.

이 아이디어가 떠오른 건 운동 후 목욕탕 안에서였다. 내가 다니던 헬스장에는 목욕탕이 있었는데 온천욕을 좋아하는 나로서는 이를 즐겨 이용했다. 그날은 운동 후 목욕탕에서 40분 넘게 생각에 잠겨 있다가 유레카를 외치게 됐다. 지금 생각해보면 운동을 통해 좌뇌를 휴식해주고 우뇌를 활성화해주면서, 좌뇌와 우뇌를 모두 사용한 것이 유효했던 게 아닐까 짐작한다.

사정상 논문이나 특허를 내지는 못한 점이 못내 아쉽지만, 해당 회사를 나가고 난 후 내가 개발했던 알고리즘이 활발히 쓰이고 있다는 소식을 들었다. 자식을 품은 부모의 마음이 이럴까. 무언가 기여를 한 느낌과 더불어 뿌듯한 기분이 들었다. 한편으로는 양쪽 뇌를 사용하지 않았다면 아이디어는 떠오르지 않았을지도 모른다는 생각을 해보았다.

아이디어는 관련 없는 분야에서도 나온다

제2차세계대전 당시 미 해군의 전투기와 관련된 유명한 일화가 있다. 당시 연구원들은 전투 후 살아 돌아온 전투기를 진단한 후 총탄에 맞아 손상된 부위를 보고 그 부분을 강화해야 한다고 했다. 그런데 당시 수학자로서 통계 연구원에 속해 있던 에이브러햄 왈드(Abrahan Wald)는 반대 의견을 냈다. 오히려 손상되지 않은 부분을 강화해야 한다고 말이다. 과연 어떤 것이 옳은 것일까?

전투기에서 총탄을 맞아 손상된 부위는 사실 강한 부위다. 맞았음에도 살아 돌아왔기 때문이다. 반대로 맞지 않은 부분은 약한 부분이라 할 수 있다. 이 부분을 피격당한 전투기는 살아 돌아오지 못했을 것이기 때문이다. 이렇듯 살아 돌아온 전투기만을 생각할 때 나타나는 오류를 '생존자 편향'이라 한다.

나에게 아이디어가 번뜩 떠오르게 된 경우가 있는데, 바로 이 생존자 편향 덕분이었다. 당시 마찬가지로 검사 정확도는 유지하되, 속도를 빠르게 하기 위한 연구를 진행하고 있었다. 방법의 하나로 지식 증류(knowledge distillation) 기법을 연구했다. 지식 증류는 큰 모델의 지식을 추출해 작은 모델에 전달하는 것을 말한다. 마치 다음 그림에서 나타난 증류 시험 장치와 유사하다.

◐ 증류 시험 장치

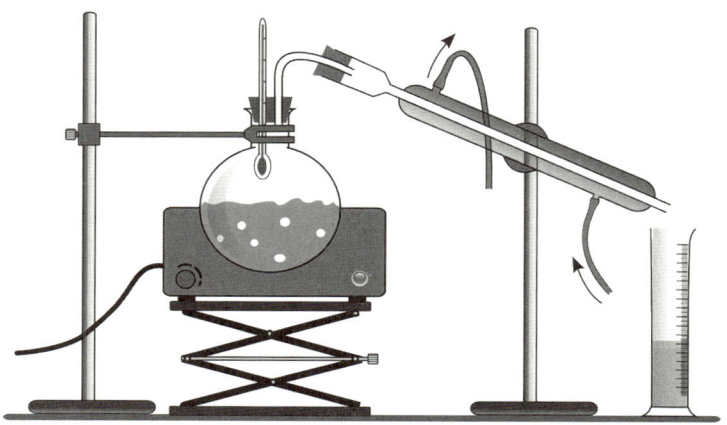

출처: Pixabay

머신러닝에서는 데이터가 많다면, 무거운 모델일수록 정확도는 높게 나타난다. 무거운 모델이 더 많은 파라미터를 저장할 수 있기에 그렇다. 가벼운 모델은 정확도가 떨어지는 대신 속도가 빠르다.

지식 증류에는 선생님 네트워크(큰 모델)와 학생 네트워크(작은 모델)가 있다. 선생님 네트워크는 지식을 학생에게 증류하듯이 전달한다. 지식 증류를 이용하면, 학생은 더 가벼운 네트워크임에도 불구하고 선생님만큼의 정확도를 낼 수 있게 된다. 즉 **빠른 속도를 유지하면서도 높은 정확도를 낼 수 있다.**

이러한 지식 증류 기법은 선생님이 가진 모든 지식을 학생에게 전달하게 된다. 그래서 처음에는 모든 지식을 전달하는 게 아닌 좋은 지식만 전달해주면 어떨지 생각했다. 하지만 이를 앞서 말한 생존자 편향과 연결 지었다. 좋은 지식은 나쁜 지식이 있기에 존재한다. 오히려 나쁜 지식을 '반대로 하도록' 학습하는 아이디어가 떠오른 것이다.

    사실 간단한 아이디어지만 발상의 전환이 없으면 생각하지 못할 수 있다. 내가 생존자 편향을 몰랐다면 생각해낼 수 없는 아이디어였다. 그리고 이 아이디어는 내가 머리를 쥐어짜서 나온 게 아니다. 그저 휴식을 취하기 위해 자전거를 타고 주변을 돌아다니다가 번뜩 떠오른 것이다. 이렇듯 아이디어는 예기치 못한 상황과 장소에서 전혀 관련이 없는 분야를 통해서도 얻을 수 있다.

북큐레이션 • 4차 산업혁명 시대를 주도하는 이들을 위한 라온북의 책

《매출 올리는 데이터 사이언티스트》와 함께 읽으면 좋을 책. 기존의 공식이 통하지 않는 급변의 시대, 남보다 한발 앞서 미래를 준비하는 사람이 주인공이 됩니다.

스마트오피스 레볼루션

김한 지음 | 15,800원

**10년 후에도 우리 회사가 살아남으려면?
스마트한 인재가 모이는 스마트오피스가 답이다!**

예측하기 힘든 4차 산업의 혁명기 속에서 기업이 생존하려면 무엇이 필요할까? 바로 스마트한 인재(스마트 워커)다. 그들을 어디에서 찾냐고? 생각보다 어렵지 않다. 우리가 찾는 대신 그들이 우리 기업으로 오게끔 하면 된다. 이 책은 4차 산업 혁명 시대의 큰 물결 앞에서 경쟁력 확보를 원하는 기업에게 공간의 힘을 기반으로 한 기업문화 혁신 모델을 제시한다. 재택근무와 화상회의, 자율좌석제 도입을 넘어서 10배 생산성을 가진 스마트피플이 마음껏 일하고 AI, 로봇과 함께 일하도록 기업 업무 환경에 혁신을 일으키는 방식을 제안한다.

스마트오피스에 대한 가장 완벽한 해답

애프터 코로나 비즈니스 4.0

선원규 지음 | 18,000원

**강력한 생태계를 만들어가는 플랫폼 사이에서
생존하는 콘텐츠를 발견하라!**

앞으로의 미래 시장에서 살아남으려면 플랫폼과 콘텐츠 중에서 어떤 것에 중점을 두어야 할까? 이 책은 이 문제에 대해 해결점을 찾아갈 수 있도록 플랫폼과 콘텐츠를 자세히 다루고 있다. 현 사회와 플랫폼과 콘텐츠의 상관관계를 이야기하며 플랫폼과 콘텐츠 사업모델의 다양한 종류를 소개한다. 또한 어떻게 해야 강력한 플랫폼과 콘텐츠를 만들 수 있을지 그 전략을 설명하며 앞으로의 미래 시장의 전망을 다루고 있다. 이 책을 통해 수많은 콘텐츠가 유입되는 사랑받는 플랫폼, 플랫폼의 러브콜을 받는 콘텐츠를 개발할 수 있을 것이다.

플랫폼과 콘텐츠의 관계 분석

대학교 2학년 월 천만 원 순수익 노하우

ZZIN 디지털 노마드 창업

류희은 지음 | 14,500원

**사무실로 출근하지 않아도
근로소득 만드는 디지털 노마드 창업!**

이 책은 현시대에 가장 알맞으면서도 즐겁게, 어렵지 않게 시도할 수 있는 '디지털 노마드 창업'에 대해 소개한다. 대학교 2학년에 월 1,000만 원을 벌기 시작하면서 20대에 벌써 미니 은퇴를 선포한 저자는 스타트업, 프리랜서, 1인 기업까지 다양한 경험을 해왔다. 이를 바탕으로 스타트업, 프리랜서, 1인 기업의 차이점을 설명하며 왜 디지털 노마드 창업이 좋은지, 디지털 노마드 창업을 위해 꼭 필요한 것, 디지털 노마드 회사 운영기, 꾸준히 디지털 노마드 라이프를 즐기는 방법 등을 알려준다.

전문가의 문제해결 노하우 공개

야근이 사라지는 문제해결의 기술

곽민철 지음 | 14,500원

**부서에서 인정받고 회사에서 주목하는
문제해결 전문가의 비즈니스 솔루션 스킬 공개!**

누가 봐도 좋은 스펙과 성실함을 갖추고 열심히 일했는데 왜 인정받지 못할까? 무슨 일을 하든 인정받는 저 옆 사람은 무엇이 다를까? 여기에는 바로 '문제해결력'이라는 차이가 있다! 이 책은 남들과는 다르게 문제를 파악하고 이를 새로운 시야로 해결하는 방법들을 알려준다. 더 이상 의자에 엉덩이만 붙여 머리를 싸매는 것으로 일하지 마라! 새로운 시각으로 문제를 만들고 남들이 생각하지 못한 방법으로 해결하라! 이 책을 통해 매일 재미없이 무한 반복되던 직장 생활이 새롭게 달라질 것이다.